Zacharias
Heyes

Gott wieder finden und
warum es gar nicht nötig ist, ihn zu suchen

Zacharias
Heyes

Gott wieder finden und warum es gar nicht nötig ist, ihn zu suchen

Vier-Türme-Verlag

Bibliografische Information der Deutschen Nationalbibliothek

Die Deutsche Nationalbibliothek verzeichnet diese Publikation in der Deutschen Nationalbibliografie. Detaillierte bibliografische Daten sind im Internet über http://dnb.d-nb.de abrufbar.

1. Auflage 2018

Lektorat: Marlene Fritsch
Gestaltung: Dr. Matthias E. Gahr
Autorenfotos: Catherine Avak, www.by-avak.de
Druck und Bindung: CPI Books GmbH, Leck
ISBN 978-3-7365-0135-5

www.vier-tuerme-verlag.de

Inhalt

Vorwort

Als wir Mönche von Münsterschwarzach von November 2016 bis November 2017 das 1200-jährige Bestehen der Abtei Münsterschwarzach feierten, gestaltete Pater Meinrad Dufner in unserer Abteikirche eine Ausstellung. Diese Ausstellung war weniger eine historisch-chronologische Darstellung der 1200-jährigen Geschichte unserer Abtei als vielmehr eine Aktualisierung und »Verheutigung« des christlichen Glaubens. Mit einbezogen war auch der Chorraum beziehungsweise die Altarwand. Dort hatte Pater Meinrad links neben der großen Figur des auferstandenen Christus eine lange Strickleiter von der Decke hinuntergelassen. Unschwer war diese als Himmelsleiter zu deuten. Das Besondere daran war ihre äußere Gestaltung und die Interpretation des Kunstwerkes. Sie war in eine goldene Rettungsfolie gewickelt, wie sie den meisten von uns aus den Erste-Hilfe-Kästen in PKWs bekannt ist. Schon vom Eingang der Kirche aus war diese goldene Leiter zu sehen, leuchtete den Besuchern entgegen und zog ihre Blicke auf sich. Nicht wenige hatten den Eindruck, dass diese Leiter dort ihren festen Platz hat, so sehr wurde sie als zum Raum passend und als zu unserer Glaubensgeschichte und Lebensgeschichte zugehörig betrachtet. Die Himmelsleiter erinnert zunächst an die Erzählung über den

Stammvater Israels – Jakob – im Alten Testament. Jakob hatte seinem Bruder Esau den Erstgeburtssegen des Vaters Isaak gestohlen. Esau wollte sich deshalb an Jakob rächen und dieser musste fliehen. In Haran schlug Jakob sein Nachtlager auf, legte sich auf einem Stein schlafen und hatte nun den Traum von der »Himmelsleiter«. In diesem Traum erblickte er eine Leiter, die von der Erde bis zum Himmel reichte und auf der die Engel Gottes auf- und niederstiegen. Von diesem Traum war Jakob so beeindruckt, dass er nach dem Aufwachen sagte:

»Wirklich, der Herr ist an diesem Ort und ich wusste es nicht.«

Genesis 28,16

Plötzlich hatte er Angst und meinte dann:

»Wie Ehrfurcht gebietend ist doch dieser Ort! Hier ist nichts anderes als das Haus Gottes und das Tor des Himmels.«

Genesis 28,17

Den Stein, auf dem er geschlafen hat, salbt er mit Öl und stellt ihn auf. Sollte sein Gott sich ihm als einer erweisen, der ihn am Leben hält, seine Lebenssituation heil überstehen lässt, dann wollte er an diesen Ort zurückkehren und dem Herrn ein Haus bauen. Jakob versteht, dass der Ort, an dem er gerade ist, Ort der Gegenwart Gottes ist. Er ist an diesem irdischen Platz anwesend und nicht nur »oben« im Himmel.

Ich erinnere mich daran, als ich das erste Mal an einer Führung durch diese Ausstellung von Pater Meinrad teilnahm, dass mir diese noch einmal neu die Augen für meinen Glauben geöffnet hat. Das lag vor allem an dem, was mein Mitbruder erzählte. Er meinte, das

Christentum sei eine Religion, deren wesentliches Merkmal es ist, dass der Mensch sich nicht ständig mühen muss, um zu Gott zu kommen, sich einen Zugang zu Gott zu erschließen, Leistungen zu erbringen, damit Gott ihn annimmt. Anders gesagt: Er muss sich nicht ständig den Kopf zerbrechen, wie er zu Gott aufsteigen kann beziehungsweise wie weit er auf der Himmelsleiter Gott schon entgegengeklettert ist. Das Christentum geht vielmehr von der Prämisse aus, dass die grundlegende Bewegung von Gott zum Menschen geht. Er ist, wenn man in dem Bild bleiben möchte, vom Himmel herabgestiegen und schon längst zum Menschen gekommen.

Das entscheidende Ereignis ist die Menschwerdung Gottes in Jesus. Christen glauben, dass in Jesus Gott selbst Mensch geworden ist. Er war den Menschen nahe, hat ihnen seine Liebe, seine Freundschaft geschenkt, hat sie geheilt und aufgerichtet. Den Menschen, denen Jesus begegnet ist, wurde durch diese Begegnung neue Zuversicht, Hoffnung und Kraft geschenkt. In ihm als Mensch hat Gott den Menschen gefunden. Gottes Sehnsucht ist es, unter den Menschen spürbar nahe und anwesend zu sein, weil er die Menschen liebt.

Das Gold der Rettungsfolie, die Pater Meinrad um die Leiter gewickelt hatte, hat nicht nur eine praktische Funktion, sondern auch eine symbolische. Als unendlich kostbares Edelmetall verweist es auf die kostbare Würde des Menschen, die er als Geschöpf Gottes für Gott hat: Für ihn ist der Mensch unendlich mehr wert als Gold.

Wer sich auf die Suche nach Gott machen möchte, dessen Aufgabe ist es gar nicht so sehr, ständig im »Suchmodus« zu laufen, sondern in der inneren Bereitschaft zu sein, von Gott gefunden zu werden und ihn mitten unter den Menschen zu finden.

Nicht wenige Generationen sind aber geprägt von einer christlichen Erziehung, die dem Menschen vermittelte, wie er zu sein hatte, was »man« also zu tun und zu lassen hatte als »guter« Christ, weil der liebe Gott einen eben nicht lieb hatte, wenn man bestimmte Dinge tat oder nicht tat. Bis heute ist bei vielen Christen daher noch immer die Vorstellung präsent, dass Jesus am Kreuz sterben musste, weil Gott ein Opfer brauchte, das ihn versöhnte. Die Sünde der Menschen – so die Vorstellung – hatte ihn erzürnt, beleidigt, verletzt, sodass dies notwendig geworden war.

Dagegen entstresst der Gedanke, dass Gott den Menschen gefunden hat und ihn auch heute noch immer wieder sucht. Dass der Mensch sich finden lassen darf. Dieser Gedanke macht frei.

Mit diesem Buch lade ich Sie, liebe Leserinnen und Leser, ein, mit mir einen Weg zu gehen. Einen Weg, Gott (wieder) zu finden. Mitten in Ihrem Leben. Mitten in Ihrem Alltag.

Dieser Weg beginnt im ersten Teil bei biblischen Menschen und ihren Erfahrungen mit Gott – Schlüsselerfahrungen. Mit Jesus wird deutlich: Gott ist nicht nur beim Menschen und ihm nahegekommen, sondern im Menschen, er ist Mensch geworden und als solcher wurde er für andere erfahrbar. Im zweiten Teil führt der Weg deshalb weiter zur Entdeckung Gottes in mir und im anderen. Denn in Jesus zeigt sich: Wer Gott finden will, muss den Menschen suchen. Der Weg mündet dann im dritten Teil in die Herausforderungen für die Kirche, die sich daraus ergeben: Ist Gott mitten im Leben, mitten im Alltag, mitten in und bei den Menschen, dann muss genau dort auch Kirche sein. Sie muss zu den Menschen aufbrechen. Und bei ihnen sein. Das aber hat auch Konsequenzen für Gottesdienst, Ritual und Gestalt von Kirche heute. Es geht um die Frage: Verwaltet Kirche Tradition, Ritus, Formen oder lässt sie sich ein auf die Bedingungen des Lebens der Menschen heute? Erstarrt sie oder findet sie mit den lebendigen Menschen den lebendigen Gott?

Ich wünsche Ihnen eine spannende und überraschende Entdeckungsreise!

Gott findet den Menschen

Biblische Schlüsselerfahrungen

Adam und Eva

Der erste Schöpfungsbericht des Alten Testaments erzählt im Buch Genesis, dass Gott am sechsten Tag den Menschen erschuf. Von ihm heißt es, dass er als Abbild beziehungsweise Ebenbild Gottes geschaffen wurde. Damit ist etwas ausgesagt, das bis heute die Grundlage der einzigartigen Würde eines Menschen ist: Zusammen mit der ganzen Schöpfung ist er nicht nur ein »Zufallsprodukt« oder eine Laune der Evolution, sondern er entspringt dem Willen Gottes. Während diese Erzählung vor allem in den USA fundamentalistische Strömungen dazu motiviert hat, sie wörtlich zu nehmen und infolgedessen die Evolutionstheorie gänzlich abzulehnen, werden auch in der modernen Forschung Stimmen laut, dass der Schöpfung trotz aller Zufälligkeit ein Sinn, eine Idee, ein Plan zugrunde liegen müsse. Hier begegnen sich Evolutionstheorie und biblische Erzählung. Der Sinn der biblischen Erzählung ist nicht, einen genauen chronologisch-wissenschaftlichen Bericht über die Entstehung der Welt zu geben, sondern eben die Frage zu beantworten: Was ist die Idee dahinter? Und während die Evolutionstheorie die Frage beantwortet, wie die Schöpfung, die Erde, das Universum, der Kosmos entstanden ist und welche Prozesse sich wann wie ereignet haben, gibt die Erzählung der Bibel eine Antwort auf die Frage nach dem Warum beziehungsweise Wozu, nach dem Sinn des Ganzen. Die Schöpfungserzählungen (es sind nämlich zwei: Genesis 1,1–2,4a und Genesis 2,4–25) reflektieren die Frage des Ursprungs der Welt. Sie sind auf dem Hintergrund des Weltbildes ihrer Entstehungszeit (etwa 500 v. Chr.) geschrieben und dementsprechend finden sich darin Sätze, die den Lesern heute fremd vorkommen. Dazu gehört für mich zum einen die Anweisung Jahwes, dass der Mensch sich die Schöpfung untertan machen, beziehungsweise nach einer neuen Übersetzung der Bibel »unterwerfen« soll. Zweitens die Aussage, dass die Frau aus dem Mann – nämlich aus der Rippe Adams – entstanden ist. Doch im Umgang mit diesen Geschichten ist es wichtig, die eigentliche Aussage beziehungsweise Aussageabsicht herauszufiltern und zu erkennen. Leider ist der Auftrag, sich die Erde untertan zu machen, lange Zeit wörtlich genommen worden. Gemeint ist damit aber eigentlich ein Umgang mit der Schöpfung, der die Ressourcen der Erde schützt und allen dient. Es meint also weniger, dass der Mensch die Welt zu seinen Zwecken nutzen sollte, sondern die Verantwortung dafür hat, dass alle Lebewesen – Menschen, Tiere, Pflanzen – gut leben können.

Die meisten Gesellschaften waren in der Vergangenheit davon geprägt – und viele sind es heute noch –, dass die Frau eher die Dienerin des Mannes ist als ein gleichwertiges Gegenüber, auch aus dem biblischen Verständnis, dass die Frau aus der Rippe des Mannes genommen ist. Im sogenannten zweiten Schöpfungsbericht (Genesis 2,4–25) heißt es aber auch, dass Gott den Menschen als Mann und Frau schuf. Das ist eine sehr deutliche Aussage. Da gibt es keine Unterschiede, sondern nur ein »und«. Ein Miteinander und ein Aufeinander-bezogen-Sein. Als es vor Kurzem um die Erlaubnis in Deutschland ging, dass auch gleichgeschlechtliche Paare die Zivilehe eingehen dürfen, haben sich Bischöfe und Politiker immer wieder auf diese Aussage bezogen und darauf gepocht, dass die Ehe die lebenslange Verbindung von Mann und Frau sei, weil Gott den Menschen eben als Mann und Frau geschaffen habe. Zur Entstehungszeit des Textes war diese Form des Zusammenlebens sicher normal. Die im Jahr 2016 erschienene neue Einheitsübersetzung der Bibel spricht an dieser Stelle spannenderweise davon, dass Gott »männlich und weiblich« schuf. Darin klingt für mich an, dass Gott männliche und weibliche Eigenschaften in die Schöpfung und in den Menschen hineingelegt hat, die sich auch im Menschen in unterschiedlicher Art ausprägen und die aufeinander bezogen sind. Das Thema, das hierin für mich ebenfalls mitschwingt, ist das Leben all der Menschen, die nicht mehr in das klassische Rollenbild einer Mann-Frau-Beziehung passen, all derer, die homosexuell empfinden, leben und lieben, all der Intersexuellen, die sich nicht eindeutig als Mann oder Frau empfinden und der Transgender, die das Gefühl haben, in einem falschen Körper geboren worden zu sein. Diese Themen müssen aus meiner Sicht theologisch durchdacht werden unter Berücksichtigung wissenschaftlicher und psychologischer Erkenntnisse. Wenn christlicher Glaube aufgrund des Schöpfungsberichtes bisher davon ausgegangen ist, dass der Mensch entweder eindeutig als Mann oder als Frau vorkommt und beide eindeutig aufeinander bezogen sind, stellt sich nun neu die Frage, wie diese Themen von der Bibel her einzuordnen sind.

Zwar respektiert die katholische Kirche Menschen, die nicht heterosexuell veranlagt sind, aber sie verbietet ihnen ihr Empfinden, ihre Liebe, ihr Leben zu leben und zu gestalten. Ich halte die

Auslegung der Schöpfungserzählung, dass allein Mann und Frau füreinander geschaffen sind, in dieser Hinsicht nicht für die einzig richtige. Das Entscheidende und Grundlegende in der Erzählung der Bibel von der Erschaffung des Menschen ist: Gott hat einen Prozess initiiert, dass der Mensch als sein Abbild lebt auf der Erde. Als Abbild Gottes ist ihm Achtung und Respekt entgegenzubringen. Egal, welcher Rasse, Kultur, Nation ein Mensch angehört, egal, welche sexuelle Identität er hat. Menschen sind immer aufeinander bezogen, er soll also einen Partner, eine Partnerin haben, die ihm »ebenbürtig« ist. In diesem Menschen, auf den er bezogen ist, darf und soll er Gottes Größe, Gottes Schönheit erkennen. Gott erschafft den Menschen und legt sich selbst in ihn hinein. Interessant ist, dass Gott im Schöpfungsbericht in der Mehrzahl von sich spricht. Es heißt dort:

»Lasst uns Menschen machen …«

Genesis 1,26

Entweder soll damit die Autorität Jahwes betont werden oder aber es ist ein Hinweis auf eine alte Überzeugung: Der frühe jüdische Glaube hat Jahwe immer eine Gattin zugeschrieben – Aschera. Im jüdischen Tempel ließ König Manasse sogar ein Bildnis von ihr aufstellen. Erst als sich Israels Religion immer mehr zum Ein-Gott-Glaube an Jahwe entwickelte, wurde Aschera nach und nach aus allen Bezügen getilgt. Im Buch Hosea findet sich eine Formel, die Gott gegenüber Aschera ausspricht, die im Judentum als Scheidungsformel bekannt war. Diese mag auch wieder den Prozess hin zum Ein-Gott-Glauben reflektieren. Wichtig bleibt, dass Gott selbst Beziehung ist – männlich und weiblich. Im christlichen Glaube findet sich dies wieder in der Lehre von der Dreifaltigkeit Gottes: Gott ist in sich Beziehung der drei göttlichen Personen Vater, Sohn und Geist. Wenn wir heute auf die Spur Gottes kommen wollen, ist das Aufeinander-Bezogen-Sein, in Beziehung miteinander zu sein, im anderen Gottes Abbild und damit Gott zu erkennen, wesentlich.

Abraham

Abraham ist eine der prägendsten Gestalten in der Bibel und der Religionsgeschichte. Bis heute gilt er Juden, Muslimen und Christen als Stammvater. Sein Sohn Ismael, den er mit seiner Magd Hagar zeugte, gilt als der Vorläufer Mohammeds, des Gründers des Islam. Abrahams zweiter Sohn Isaak, den er gemeinsam mit seiner Frau Sara zeugte, ist der Vater von Jakob, dessen zwölf Söhne wiederum als Begründer der zwölf Stämme Israels und damit des Judentums gelten. Aus dem Volk Israel stammt Jesus ab, auf den das Christentum sich bezieht und begründet.

Damit steht Abraham am Beginn der langen Glaubensgeschichte von Muslimen, Juden und Christen, die immer wieder in ihrem Leben dem Gott Abrahams vertraut haben. Heute gehören etwa 4 Milliarden Menschen einer der drei sogenannten abrahamitischen (Welt-)Religionen an (2,3 Milliarden Christen, 1,57 Milliarden Muslime, 15 Millionen Juden). Wenn auch die religiöse Praxis sehr unterschiedlich ist, so wird allein anhand der Zahlen deutlich, welche Wirkungsgeschichte diese drei Religionen bis heute haben.

Zunächst in eine Familie von Nomaden in Ur in Chaldäa (heute im Süden des Irak) hineingeboren, war Abraham es gewohnt umherzuziehen, also nicht dauerhaft sesshaft zu sein, weil Ziegen und Schafe Weiden finden mussten. Er kannte sich daher wohl in der Wüste und den Steppen gut aus. Als seine Heimatstadt Ur von feindlichen Truppen besetzt wird, flieht seine Familie nach Haran in der heutigen Türkei.

Da seine Heimatstadt Ur in Chaldäa liegt und dieses Gebiet wiederum Wohngebiet der Babylonier war, wird Abraham auch mit der Religion der Babylonier in Berührung gekommen und auch von dieser beeinflusst gewesen sein, auch wenn nichts weiter über seine religiöse Praxis berichtet wird. Die Babylonier kannten ähnlich wie die Griechen und die Römer einen Götterhimmel mit vielen Göttern, die jeweils für unterschiedliche Dinge zuständig waren. Zu den babylonischen Göttern zählen unter anderen der Gott Sin, der für den Lauf des Mondes verantwortlich war, und die Göttin Istar, Göttin des Krieges und der Liebe.

Als Abram, wie er an dieser Stelle der Bibel noch genannt wird, nun in Haran ankommt, spricht plötzlich Gott zu ihm. Er hat hier keinen weiteren Namen, sondern es ist nur von »Gott« die Rede, der ihm folgenden Auftrag gibt:

»Zieh weg aus deinem Land, von deiner Verwandtschaft und aus deinem Vaterhaus in das Land, das ich dir zeigen werde. Ich werde dich zu einem großen Volk machen, dich segnen und deinen Namen groß machen. Ein Segen sollst du sein. Ich will segnen, die dich segnen; wer dich verwünscht, den will ich verfluchen. Durch dich sollen alle Geschlechter der Erde Segen erlangen.«

Genesis 12,1-3

Dieser Auftrag Gottes an Abraham wird immer wieder zitiert, wenn Menschen heute vor Aufbrüchen stehen, neue Lebensabschnitte beginnen oder sich innere Wandlungen vollziehen. Darin wird deutlich, was sich wie ein roter Faden durch die ganze Bibel zieht: die Überzeugung und Aussage, dass Gott Menschen findet, sie anspricht und ihnen Aufbrüche zumutet und zutraut. Damit ist er ein Gott des Aufbruchs und des Weges. In meinen seelsorglichen Gesprächen wird mir immer wieder deutlich, dass sich das bis heute nicht geändert hat: Immer wieder werden Menschen zu inneren und äußeren Aufbrüchen, Veränderungen, plötzlichen Wandlungen in ihrem Leben gerufen. Sie ereignen sich einfach, und die Menschen müssen sich ihnen stellen. Davon wird später noch die Rede sein.

Hier nun wird Abraham gerufen und aufgefordert, das alte, bekannte Land zu verlassen und in ein neues zu gehen. Damit verbunden ist, dass er diesen Gott, der ihn anspricht, neu kennenlernt. Wie auch immer diese Ansprache von Abraham wahrgenommen wurde – ob als eine innere, ihm zugewandte Stimme oder eine Lichterscheinung oder etwas ganz anderes –, deutlich wird: Er erlebt hier eine Begegnung, die sein Leben verändert. Er ist zu diesem Zeitpunkt 75 Jahre alt – ein Alter, in dem andere ihren Ruhestand genießen. Nun bricht er noch einmal auf – von Gott inspiriert.

Abraham wagt diesen Aufbruch mit seiner ganzen Familie, mit allen Angestellten und Bediensteten. Mit ihm unterwegs ist auch Lot, sein Neffe. Beide nehmen ihren gesamten Besitz mit sich. Nach heutigen Verhältnissen war Abraham Milliardär: Er besaß Vieh, Silber und Gold in einer recht großen Menge. Aber auch Lot war reich, hatte Schafe, Ziegen, Rinder und Zelte. Da beide sich nicht am gleichen Platz niederlassen wollten, um Konkurrenzkämpfe zu vermeiden, trennte sich Abraham von Lot. Als diese Trennung vollzogen war, begegnet Gott Abraham erneut. Dieses Mal sagt er zu ihm:

»Blick auf und schau von der Stelle, an der du stehst, nach Norden und Süden, nach Osten und Westen. Das ganze Land nämlich, das du siehst, will ich dir und deinen Nachkommen für immer geben.

Ich mache deine Nachkommen zahlreich wie den Staub auf der Erde. Nur wer den Staub auf der Erde zählen kann, wird auch deine Nachkommen zählen können. Mach dich auf, durchzieh das Land in seiner Länge und Breite; denn dir werde ich es geben.«

Genesis 13,14-18

Gott verheißt Abraham eine unendliche Menge an Nachkommen: so viele, wie Staub auf der Erde ist. Diese Aussage ist sicherlich nicht biologisch zu verstehen, sondern bezieht sich auf die zahlreichen Gläubigen, die sich auf Abraham berufen. Auch hier ist es also Gott, der den Menschen findet und ihm einen Auftrag gibt.

Doch zunächst bleibt das Versprechen Gottes unerfüllt. Abraham leidet, weil seine Frau ihm keine Kinder gebärt. Er, der bis jetzt den Auftrag Gottes befolgt hat, bleibt kinderlos. Doch wieder findet Gott Abraham und spricht ihn erneut an. Jetzt heißt es:

»Nach diesen Ereignissen erging das Wort des Herrn in einer Vision an Abram: Fürchte dich nicht, Abram, ich bin dein Schild; dein Lohn wird sehr groß sein. Abram antwortete: Herr, mein Herr, was willst du mir schon geben? Ich gehe doch kinderlos dahin und Erbe meines Hauses ist Eliëser aus Damaskus. Und Abram sagte: Du hast mir ja keine Nachkommen gegeben; also wird mich mein Haussklave beerben. Da erging das Wort des Herrn an ihn: Nicht er wird dich beerben, sondern dein leiblicher Sohn wird dein Erbe sein. Er führte ihn hinaus und sprach: Sieh doch zum Himmel hinauf und zähl die Sterne, wenn du sie zählen kannst. Und er sprach zu ihm: So zahlreich werden deine Nachkommen sein. Abram glaubte dem Herrn und der Herr rechnete es ihm als Gerechtigkeit an.«

Genesis 15,1-6

Dieses Mal glaubt Abraham Gott. Er vertraut ihm, dass er Nachkommen haben wird. Das rechnet Gott ihm als Gerechtigkeit an. Deshalb gilt Abraham bis heute als der Gerechte und damit als das Vorbild an Glauben und Vertrauen. Wenn er als Stammvater der drei abrahamitischen Religionen bezeichnet wird, dann gehört dies dazu: Er hat den Grund gelegt, dass Menschen bis heute diesem Gott vertrauen, weil Gott, wie die weitere Geschichte Abrahams zeigen wird, sich seinerseits als vertrauenswürdig erwiesen hat. Vor Gott gerecht zu sein, meint nichts anderes, als von Gott angenommen zu sein, vor Gott aufrichtig stehen zu können, sich von ihm als geliebt zu erfahren. Die Frage, wie wir angesichts der Erfahrung unserer Schwächen, Fehler und Unzulänglichkeiten – was die Kirche als »Sünde« bezeichnet hat – gerecht sein beziehungsweise wie wir bei Gott Annahme finden können, hat Menschen immer wieder zum Nachdenken gebracht. Nicht zuletzt war dies auch eine der zentralen Fragen Martin Luthers. Er ist beinahe daran verzweifelt, dass er immer wieder seine Unzulänglichkeit spürte und wusste: Durch Taten kann ich vor Gott nicht gerecht werden, weil ich immer wieder Ungerechtes tue. Bis er erkannte: Wenn ich Gott vertraue – Glaube heißt nichts anderes als »Vertrauen« –, dann bin ich gerecht. Das meint, Gott möchte, dass der Mensch mit ihm in Kontakt tritt. Er möchte auf sein Zugehen, seine Ansprache des Menschen eine Antwort. Der Gott Abrahams ist ein Gott der Beziehung, der mit seinen Geschöpfen in Kontakt treten will. Deshalb findet er den Menschen immer wieder und geht ihm nach, überlässt ihn nicht sich selbst und seinem Schicksal.

Mit den oben zitierten Aussagen Gottes an Abraham sind alle Menschen angesprochen. In Abraham, dem Stammvater des Glaubens, wird deutlich, wozu wir eingeladen sind: Gott zu glauben und ihm zu vertrauen.

Die Aussage Gottes, dass Abraham die Sterne am Himmel zählen soll, wenn er sie zählen kann, ist eine Einladung: Abraham wird unendlich viele Nachkommen haben, aber darin drückt sich auch die Weite und Großzügigkeit Gottes aus. Nicht nur, dass Gott ihn die Weite des Landes nach Norden, Süden, Osten und Westen erblicken lässt, er verweist ihn auch noch auf die unendliche Größe des Himmels und die unendliche Anzahl der Sterne. Wenn Gott, so der Glaube der Bibel, dies alles erschaffen hat, welche Weite, Größe und Unendlichkeit scheint hier auf!

Wenn ich diese Unendlichkeit des Kosmos betrachte, überfällt mich manchmal das Gefühl von Verlorenheit und Einsamkeit, denn aus der Weite des Kosmos betrachtet, ist der Mensch wahrscheinlich nicht einmal so groß wie eine Stecknadel. Umso faszinierender finde ich es, dass Gott es ist, der diese unendliche Weite hat entstehen lassen und zugleich auch der ist, der den Menschen anspricht, jeden Einzelnen sieht und wahrnimmt. Nicht allgemein und global, sondern wie es beim Propheten Jesaja heißt:

»Ich habe dich bei deinem Namen gerufen; mein bist du.«

Jesaja 43,1

Es ist meine tiefste Überzeugung, dass dies wirklich so ist: Gott kennt jeden Menschen durch und durch. Ich darf glauben, dass Gott mich so geschaffen hat, wie ich bin – so und nicht anders hat Gott mich gewollt. Jesus wird es später anders sagen, aber das Gleiche meinen:

»Bei euch sind aber alle Haare auf dem Haupt gezählt.«

Matthäus 10,30

Der große Gott hat den Menschen bis ins Kleinste hinein wohlwollend im Blick.

Für Abraham wird das noch einmal daran deutlich, dass er jetzt einen neuen Namen von Gott bekommt. Nun, wo ihm der Auftrag Gottes deutlich ist und er ihm sein Vertrauen geschenkt hat, wird aus seinem ursprünglichen Namen »Abram« »Abraham«. Die Bibel erzählt hierzu:

»Als Abram neunundneunzig Jahre alt war, erschien ihm der Herr und sprach zu ihm: Ich bin Gott, der Allmächtige. Geh deinen Weg vor mir und sei rechtschaffen! Ich will einen Bund stiften zwischen mir und dir und dich sehr zahlreich machen. Abram fiel auf sein Gesicht nieder; Gott redete mit ihm und sprach: Das ist mein Bund mit dir: Du wirst Stammvater einer Menge von Völkern. Man wird dich nicht mehr Abram nennen. Abraham (Vater der Menge) wirst du heißen; denn zum Stammvater einer Menge von Völkern habe ich dich bestimmt. Ich mache dich sehr fruchtbar und lasse Völker aus dir entstehen; Könige werden von dir abstammen. Ich schließe meinen Bund zwischen mir und dir samt deinen Nachkommen, Generation um Generation, einen ewigen Bund: Dir und deinen Nachkommen werde ich Gott sein.«

Genesis 17,1-7

Hier nun also wird ein Bund geschlossen zwischen Abraham und Gott. Abraham ist jetzt 99 Jahre alt. Diese Zahl lässt sich eher symbolisch verstehen, als dass sie das reale Lebensalter angibt. Die 99 ist ein Schritt, eine Zahl vor der 100. Sie steht für die Fülle des Lebens. An der Schwelle dazu steht Abraham, als Gott seinen Bund mit ihm schließt. Weil Abram sich auf das Abenteuer mit Gott einlässt, schließt er seinen Bund mit ihm. Wer einmal von Gott gefunden worden ist, wer einmal eingewilligt hat, sich finden zu lassen, sich ansprechen zu lassen, der darf wissen: Gottes Treue zu ihm ist unverbrüchlich.

Nach dem Bundesschluss erhält Abraham das Geschenk von Jahwe, das ihm wohl die größte Freude gewesen ist: Er wird Vater eines Sohnes. Auch dieses Mal findet Gott Abraham und kommt zu ihm in Gestalt von drei Männern, die Abraham aufsuchen:

»Der Herr erschien Abraham bei den Eichen von Mamre. Abraham saß zur Zeit der Mittagshitze am Zelteingang. Er blickte auf und sah vor sich drei Männer stehen. Als er sie sah, lief er ihnen vom Zelteingang aus entgegen, warf sich zur Erde nieder und sagte: Mein Herr, wenn ich dein Wohlwollen gefunden habe, geh doch an deinem Knecht nicht vorbei! Man wird etwas Wasser holen; dann könnt ihr euch die Füße waschen und euch unter dem Baum ausruhen. Ich will einen Bissen Brot holen und ihr könnt dann nach einer kleinen Stärkung weitergehen; denn deshalb seid ihr doch bei eurem Knecht vorbeigekommen. Sie erwiderten: Tu, wie du gesagt hast. Da lief Abraham eiligst ins Zelt zu Sara und rief: Schnell drei Sea feines Mehl! Rühr es an und backe Brotfladen! Er lief weiter zum Vieh, nahm ein zartes, prächtiges Kalb und übergab es dem Jungknecht, der es schnell zubereitete. Dann nahm Abraham Butter, Milch und das Kalb, das er hatte zubereiten lassen, und setzte es ihnen vor. Er wartete ihnen unter dem Baum auf, während sie aßen. Sie fragten ihn: Wo ist deine Frau Sara? Dort im Zelt, sagte er. Da sprach der Herr: In einem Jahr komme ich wieder zu dir, dann wird deine Frau Sara einen Sohn haben. Sara hörte am Zelteingang hinter seinem Rücken zu. Abraham und Sara waren schon alt; sie waren in die Jahre gekommen. Sara erging es längst nicht mehr, wie es Frauen zu ergehen pflegt. Sara lachte daher still in sich hinein und

dachte: Ich bin doch schon alt und verbraucht und soll noch das Glück der Liebe erfahren? Auch ist mein Herr doch schon ein alter Mann! Da sprach der Herr zu Abraham: Warum lacht Sara und sagt: Soll ich wirklich noch Kinder bekommen, obwohl ich so alt bin? Ist beim Herrn etwas unmöglich? Nächstes Jahr um diese Zeit werde ich wieder zu dir kommen; dann wird Sara einen Sohn haben.«

Genesis 18,1-14

Abraham und seine Frau Sara bekommen tatsächlich einen Sohn, dem sie den Namen Isaak geben. Für einen Mann in der damaligen Zeit hatte ein Sohn zentrale Bedeutung. Er war der Stammhalter, der das Erbe des Vaters verwalten und fortführen wird. Nicht nur im materiellen, sondern auch im geistigen und ideellen Sinn. Ihm würde der Vater seinen Glauben und sein Vertrauen in seinen Gott weitergeben, ihm erzählen, welche Erfahrung er mit ihm gemacht hat und dass dieser Gott treu und allen Vertrauens würdig ist.

Bleibt man in der Symbolik der Zahlen, wird Abraham mit 100 Jahren Vater. Die 100 ist die Potenzierung der eins. In der biblischen Symbolik steht die eins für die zeugende Kraft Gottes, während die zwei für die gebärende Schöpfungskraft steht. Die 100 als Potenzierung der eins ist also die Fülle der zeugenden Kraft Gottes. Abraham erfährt in der Geburt seines Sohnes die volle Schöpferkraft Gottes. Damit liegt aber auch die Verantwortung bei ihm, dass er Sorge trägt für die Weitergabe seines Gottvertrauens an den Sohn – er ist der vollberechtigte Nachfahre Abrahams.

Sein Gottvertrauen wird dann aber noch einmal auf eine schreckliche Probe gestellt: Gott verlangt von Abraham, dass er ihm seinen Sohn Isaak als Opfergabe gibt. Abraham ringt sich dazu durch, dieses Opfer zu bringen und erst im letzten Augenblick wird er von einem Engel davon abgehalten, es tatsächlich zu vollziehen (vgl. Genesis 22). Viele fragen sich bis heute, welchen Sinn diese Geschichte hat. Kann es sein, dass Gott Menschenopfer will? Oder ist das Entscheidende, dass hier der Engel erscheint und Abraham abhält? Ist Abraham einer Einbildung erlegen und hat sein Gottesbild mit Gott selbst verwechselt? Dann wäre die Geschichte noch einmal eine Erzählung darüber, dass Gott entschieden auf Abraham zugeht in der Gestalt des Engels. Abraham wird also noch einmal von Gott gefunden, damit er spürt, wie Gott wirklich ist. Er braucht keine Opfer. Was Abraham eigentlich bereits wusste, zeigt sich hier noch einmal deutlich: Gott ist weit, großzügig, er geht auf den Menschen zu, kennt ihn bei seinem Namen und braucht keine Opfer, damit der Mensch vor ihm gut da steht.

Religionsgeschichtlich ist die Zeit Abrahams mit der Zeit verbunden, in der in anderen archaischen Kulten und Religionen Menschenopfer ein Ende fanden. Die Erzählung macht dann deutlich: Der Gott der Israeliten braucht keine Opfer – schon gar keine Menschenopfer. Das wäre in sich auch widersprüchlich: Erst schafft Gott den Menschen, schenkt ihm das Leben, und dann fordert er es zurück. Echtes Schenken geschieht nur, wenn jemand gerne gibt, nicht, weil er etwas zurückerwartet. Gott schenkt, weil er liebt. Was wäre das für ein Gott, der dem Menschen das Leben schenkt, ihn dann jedoch ständig auffordert, ihm Dankbarkeit zu zeigen, ihm ein schlechtes Gewissen einredet und sogar dieses Leben zurückfordert. Am Ende der Erzählung in der Bibel ist Abraham 175 Jahre alt. Es heißt jetzt über ihn:

»Das ist die Zahl der Lebensjahre Abrahams: Hundertfünfundsiebzig Jahre wurde er alt, dann verschied er. Er starb in hohem Alter, betagt und lebenssatt, und wurde mit seinen Vorfahren vereint.«

Genesis 24,7-8

»Lebenssatt« ist für mich ein wunderbares Wort. Abraham hat sich satt gelebt – er hat es nicht satt gehabt. Genau dafür steht auch die Zahl 175: Lebenssattheit pur. Er hat das Leben ausgekostet, er hat es mit Höhen und Tiefen erlebt und gelebt. Er hat seinem Gott vertraut, sich von ihm finden lassen und ihn immer wieder gefunden: Seinen Gott, der ihn begleitet und der ihn nicht mehr verlassen hat.

Dieser Gott hat ihm zu Beginn den Auftrag beziehungsweise die Zusage gegeben, er solle ein Segen sein. Das hat sich bewahrheitet. Er ist fruchtbar geworden, hat Isaak gezeugt und Ismael. Die aus diesen biblischen Gestalten hervorgegangenen Religionen nehmen sich bis heute Abraham zum Vorbild in seinem Gottvertrauen. Wenn er Stammvater ist, dann gilt auch allen seinen Nachkommen, allen, die nach Gott suchen: dass sie eigentlich schon Gefundene sind, dass es nicht so sehr um das Suchen und Fragen nach Gott geht, sondern um die Bewusstwerdung: Gott ist da. Viele Menschen suchen auch heute noch Gott »da oben«, in himmlischen Sphären, in großen, außergewöhnlichen Ereignissen statt im Alltäglichen. Doch sich von ihm finden und ansprechen zu lassen heißt, ihn im ganz Alltäglichen zu suchen, hier zu begreifen: Er ist da. Er ist dort, wo der Mensch ist. Die Weite des Himmels, die Unendlichkeit der Sterne und des Kosmos sagen es: So weit dieser Himmel ist, so unendlich die Sterne sind, so weit, so groß und weit und unendlich ist Gott. Und doch ist er auch der, der jeden bei seinem Namen ruft und anspricht.

Im Christlichen wird immer wieder der Satz zitiert, den Gott zu Abraham sagt: »Du sollst ein Segen sein.« Das ist eine große Zusage: Der Mensch darf und soll etwas vom Segen Gottes weitergeben, weitersagen, im Menschen soll der Mensch etwas von der Gegenwart, der Weite und Nähe Gottes spüren und erfahren dürfen.

Mose

Der Name »Mose« kann am ehesten mit »der aus dem Wasser Gezogene« übersetzt werden und beschreibt die Umstände, unter denen Mose seinen Weg ins Leben fand: Mose wurde als Kind einer Israelitin geboren, deren Volk sich damals in der Sklaverei in Ägypten befand. Da der ägyptische Pharao Angst hatte, dass dieses Volk zu groß und mächtig werden und einen Aufstand gegen ihn planen könnte, ließ er alle männlichen Nachkommen töten. Daher setzte die Mutter des Mose das Kind im Alter von drei Monaten in einem Schilfkörbchen auf dem Nil aus. Die Schwester Moses, Mirjam, beobachtete, dass die Tochter des Pharaos beim Baden am Nil Mose schließlich findet und rettet. Obwohl sie sieht, dass das Kind aus dem Volk der Israeliten stammt, nimmt sie es zu sich. Mirjam schlägt ihr schließlich vor, eine Amme aus ihrem eigenen Volk zu holen, die das Kind stillen und aufziehen soll. Damit ist die Pharaonentochter einverstanden und so holt Mirjam ihre Mutter als Amme – auf wunderbare Weise wurde ihr Kind also nicht nur gerettet, sondern darf auch bei ihr aufwachsen. Als Mose herangewachsen ist, bringt sie ihn zum Hof zurück und die Tochter des Pharao nimmt ihn als Sohn an. In diesem Geschehen zeigt sich bereits, wie Gott für Mose sorgt, ihn rettet, indem er ihn »aus dem Wasser zieht« und eine Zukunft ermöglicht.

Als Moses dann erwachsen geworden ist, möchte er eines Tages nach seinen Stammesgenossen schauen und sehen, ob es ihnen gut geht. Dabei bekommt er einen Streit zwischen einem Ägypter und einem Hebräer, einem Angehörigen seines Stammes, mit. Er erschlägt den Ägypter und muss fliehen. In Midian findet er eine neue Heimat und gründet dort eine Familie. Als er im fortgeschrittenen Alter von über achtzig Jahren eines Tages wieder einmal die Schafe seines Schwiegervaters hütet, geht er »über die Steppe hinaus« – so heißt es. Er verlässt also das Gebiet, das ihm eigentlich zugewiesen ist, und geht über dessen Ränder hinaus. Schließlich erreicht er den Gottesberg Horeb. Hier nun erscheint ihm Gott in einem brennenden Dornbusch. Nicht im großartigen Tempel in Jerusalem, der als Wohnort Gottes galt, nicht auf dem Gottesberg begegnet er Gott, sondern in einem ganz gewöhnlichen stacheligen Busch wird ein Feuer ihm zur Gottesbegegnung. Das verändert Mose zutiefst. Gott nennt sich Moses gegenüber der »Ich-bin-da« und sagt zu ihm:

»Der Ort, wo du stehst, ist heiliger Boden.«

Exodus 3,5

Das meint nichts anderes als: »Der Ort, wo du stehst, ist Ort der Gegenwart des Heiligen, Ort meiner Gegenwart.« Damit ist aber auch deutlich: Es gibt keinen Platz, keinen Ort auf dieser Welt, der nicht Ort der Gegenwart Gottes ist, keinen Ort, der nicht heiliger Boden ist, keinen Ort, an dem Gott nicht gefunden werden kann.

Mose hatte in keinster Weise mit einer solchen Gottesbegegnung gerechnet, schon gar nicht inmitten seiner alltäglichen Arbeit. Der Auftrag, den er dann von Gott erhält, führt ihn aus seinem Alltag heraus, und erwartet Großes von ihm: Er soll das Volk Israel aus der Sklaverei in die Freiheit führen. Wie verständlich ist da seine Reaktion, erst einmal zu zweifeln, zu fragen, ob die eigenen Fähigkeiten ausreichen. Bis er sich dann doch der Begleitung Gottes sicher ist und den Aufbruch wagt. Auch Moses hat sich finden, ansprechen lassen und nimmt den Auftrag Gottes an.

David

Die Geschichte von König David ist eine typische »Gott-überrascht-Geschichte«. Auch Papst Franziskus spricht immer wieder davon, dass auch wir bereit sein sollten, uns täglich von Gott überraschen zu lassen.

In der David-Erzählung steht die Erwählung eines neuen Königs im Vordergrund. Der Prophet Samuel wird zu Isai in Bethlehem geschickt. Einer seiner acht Söhne soll der neue König werden. Nachdem die ersten sieben vor Samuel hingetreten waren und keiner von ihnen von Gott als der Erwählte bestätigt wurde, fragte Samuel nach dem achten Sohn. Sein Vater antwortete, dass dieser bei der Arbeit sei und Schafe hüten würde. Samuel bestand jedoch darauf, dass auch er geholt werde.

Die Zahlensymbolik spielt auch in dieser Bibelgeschichte eine Rolle. Die Sieben ist eine Zahl, die die Schöpfung repräsentiert: Die Schöpfung dauerte sieben Tage. Unsere Woche hat sieben Tage. Die Acht übersteigt die Sieben und ist damit eine Zahl des Vollkommenen, Ewigen. Hierin also scheint schon angedeutet zu sein, dass der achte und jüngste Sohn des Isai eine besondere Bedeutung hat.

Als David nun vor Samuel steht, wird diesem klar: Das ist der von Gott erwählte neue König. David wird daraufhin zum König gesalbt, das heißt, Samuel übergießt ihn mit einem Horn voll wertvollem Öl. Das Überschütten mit besonderem und wertvollem Öl ist das Zeichen der Erwählung und der besonderen Würde, die David als König Israels hat. Er, der einfache Schafhirte, erlebt leibhaftig, wie wertvoll er für Gott ist. Wie wird er sich wohl gefühlt haben, als Gott plötzlich in sein Leben trat, ihn fand? Wahrscheinlich hat er nicht vorausgesehen, welch große Verantwortung damit auch auf ihn gelegt wird.

Die Salbung Davids zum König hallt bis heute in der Taufe nach, wenn der Täufling mit dem heiligen Chrisamöl gesalbt wird. Es ist eine Erinnerung an die Salbung der Könige Israels und damit an die Salbung Davids. Hierin wird die königliche Würde deutlich, die Gott verleiht. Der Getaufte hat eine Würde, die ihm niemand mehr nehmen kann, weil ihm zugesagt ist, dass er Gottes geliebtes Kind ist. Nicht, dass dies nicht auch in jedem anderen Menschen gelten würde, aber in der Taufe wird diese Zusage an den Täufling sozusagen vor den Eltern und Paten als Zeugen laut ausgesprochen.

Glauben hat immer auch mit Sinnlichkeit und sinnhafter Erfahrung zu tun. Heute sind die ursprünglich sehr vielfältigen Taufriten nur noch verkürzt vorhanden. Aus einem Untertauchen des nackten Körpers im Wasser, wie es in der Urkirche üblich war, sind drei Tropfen Wasser geworden, die vorsichtig über den Täufling gegossen werden. Aus der spürbaren Salbung mit wertvollem Öl ist ein Kreuzzeichen auf der Stirn geworden. Doch das Gefühl, von Gott gefunden worden zu sein, muss erfahrbar, spürbar werden, damit es sich in die Seele einwurzelt als unumstößliche Gewissheit. Das würde ich mir für eine Taufpraxis heute wieder wünschen.

Maria

Maria war ein einfaches Mädchen aus dem Volk Israel und zu dem Zeitpunkt, als sie in die biblische Geschichte tritt, wohl um die vierzehn Jahre alt gewesen sein. Sie wird keinen Gedanken daran gehabt haben, dass sie die Mutter des Sohnes Gottes werden sollte, und auch keinen weiteren an die Wirkungsgeschichte, die sich im Lauf der Jahrhunderte mit ihrer Person verbunden und entfaltet hat. Maria war mit Josef verlobt. Bis heute wird er als älterer Mann dargestellt, wobei es dazu biblisch gesehen keinen Anlass gibt.

Maria wird mitten in ihrem Alltag von einem Engel überrascht und erfährt, dass sie einen Sohn gebären soll. Nach biblischer Überlieferung beginnt der Engel ein Gespräch mit ihr. Und weil sie nicht nur überrascht, sondern auch etwas verängstigt war, sagt er zu ihr: »Fürchte dich nicht!« Das ist Gottes Pädagogik: Wenn er Menschen eine Aufgabe anvertraut und sie durch einen seiner Boten überbringen lässt, möchte er nicht, dass sie erschrecken.

Maria geht auf das Gesprächsangebot des Engels ein. Sie fragt ihn, wie das geschehen soll, dass sie Mutter werde. Der Heilige Geist werde sie überschatten, antwortet der Engel. Maria sagt ihm, dass sie bereit dazu sei. Sie ergibt sich einfach in den Willen Gottes, hat so viel Vertrauen, dass sie bereit ist, das einfach geschehen zu lassen, obwohl sie sich ganz sicher darüber bewusst war, in welche gesellschaftliche Schwierigkeiten sie das bringen konnte – und was sie damit auch von Josef verlangte. So wie Maria hier Gott vertraut und darauf, dass es mit Gott gut werden wird, dürfen auch wir uns hingeben an das, was Gott mit uns vorhat – in dem Vertrauen, dass es schon werden wird. In der Bibel heißt es dann: »Sie bewahrte alles in ihrem Herzen.« Sie wird diese Begegnung verarbeitet haben, es wird eine Zeit gebraucht haben, bis sie wirklich verstanden hat, was da geschehen ist – dass sie unmittelbar mit einem göttlichen Boten in Berührung gekommen war. Und Gott sie gefunden hatte.

Josef

Josef war, so würde man es heute sagen, ein integrer Mensch. Als er von der Schwangerschaft Marias erfährt, will er sich von ihr trennen, um ihr die Schande zu ersparen, die über sie hereinbrechen könnte, wenn die Öffentlichkeit erfährt, dass das Kind nicht von ihm ist. Im Traum aber spricht Gott ihn an:

»Fürchte dich nicht, Maria als deine Frau zu dir zu nehmen; denn das Kind, das sie erwartet, ist vom heiligen Geist.«

Matthäus 1,20

Es gibt den schönen Satz: »Träume sind Gottes vergessene Sprache mit uns Menschen.« Wenn wir schlafen, ist unser Bewusstsein »ausgeschaltet«, wir können bewusst keine »Filter« einbauen oder in die Abwehr beziehungsweise Verdrängung gehen. Deshalb ist der Traum eine wunderbare Möglichkeit für Gott, sich dem Träumer mitzuteilen. Der Sinn des Traumes ist es – geistlich gesehen –, dem Menschen deutlich zu machen, welche Prozesse in seiner Seele und in seinem Leben gerade geschehen beziehungsweise geschehen wollen und welche Aufgabe er zu erfüllen hat. Es geht darum, dass er seinen Lebensweg beschreitet. Gott findet die Menschen also im Traum und teilt sich ihnen (indirekt) mit.

Josef nimmt den Auftrag, den er im Traum erhalten hat, unmittelbar an. Er glaubt, vertraut und lässt sich ansprechen, ohne diese Ansprache infrage zu stellen. Um Gottes Ansprache mitten im Alltag verstehen zu können, scheint es hilfreich zu sein, dass wir als Menschen die sensiblen Kanäle in uns öffnen, Traumbotschaften ernst nehmen und zu verstehen suchen.

Als Papst Franziskus in sein Amt eingeführt wurde, sprach er über Josef und seine Fähigkeit zur Zärtlichkeit. Josef sei nicht nur mutig, stark und arbeitsam gewesen, meinte er, sondern eben auch zärtlich. Einer, der bereit war, aufmerksam zu sein, Mitleid zu haben und für den anderen offen zu sein. Deshalb konnte er die Botschaft Gottes hören und verstehen und nahm Maria zu sich, sorgte für sie und Jesus. Papst Franziskus spricht hier davon, dass Josef ein Hüter gewesen sei – ein Hüter seiner Familie, aber auch seiner Seele. Um die Sprache Gottes zu vernehmen, braucht es die zärtlich-behutsame Offenheit der Seele. Das ist gerade heute ein wichtiger Aspekt, weil unsere Welt häufig laut ist und uns vieles von unserer Innerlichkeit ablenkt. Uns zu sensibilisieren für die Sprache unserer Seele und Gottes mit uns, wäre eine wichtige Aufgabe.

Auch alle weiteren entscheidenden Botschaften erhält Josef im Traum: nach Ägypten zu gehen, um das Leben des Jesus zu retten, zurückzukehren, weil Herodes gestorben ist.

Zachäus

Zachäus war Zöllner oder Zollpächter und diese Zunft war zurzeit Jesu sehr unbeliebt. Sie stand im Verdacht, den Händlern und anderen Menschen, die eine Brücke, Stadtmauer oder Grenze passierten, zu viel Geld aus der Tasche zu ziehen. Daher hatte wohl dann auch Zachäus ein kleines Vermögen angespart. Als er nun hörte, dass Jesus kommt, wollte er ihn sehen. Was mag diesen Wunsch ausgelöst haben? Hatte er von ihm gehört, von ihm und seiner liebenden Art, Menschen zu begegnen? Gab es tief in ihm den Wunsch, vielleicht auch nur einen liebenden Blick von Jesus zu bekommen, weil ihn sonst keiner liebte und mochte?

Weil er klein war und befürchtete, von der Menge übersehen und beiseite geschubst zu werden, kletterte er auf einen Baum. Als Jesus sich dem Ort näherte, an dem er auf seinem Baum saß, geschah das Unerwartete: Jesus schenkte ihm viel mehr als nur einen liebenden Blick. Er sah Zachäus, rief ihn vom Baum herunter und sagte ihm, er müsse heute bei ihm zu Gast sein. Man kann sich vorstellen, dass diese Selbsteinladung Jesu Verwunderung, vielleicht sogar Entrüstung bei den anderen ausgelöst hat. Da kommt der bekannte Heiler, von dem einige sagen, er sei der Messias, in die eigene Stadt und isst dann bei einem, von dem doch alle wissen, was für ein unehrenhafter Mann er ist.

Heute findet diese Geschichte ihre Entsprechung in den Begegnungen von Papst Franziskus mit den Menschen an den Zäunen und auf der Straße. Beispielsweise seine mittlerweile berüchtigten Freitagsbesuche, bei denen er unangekündigt und überraschend Menschen aufsucht, denen es nicht gut geht. Was war es für eine Überraschung, als in der Karwoche 2013 der Papst die Liturgie am Gründonnerstag nicht im Vatikan feierte, sondern in ein Gefängnis ging und dort sogar muslimischen Gläubigen die Füße wusch. Papst Franziskus hat ihnen damit gezeigt, dass er sie sieht, um ihre Not weiß, so wie Jesus es 2000 Jahre zuvor bei Zachäus getan hat. Bei Zachäus geschieht in der Begegnung mit Jesus die unerwartete Veränderung: Als Jesus bei ihm zu Hause ist, beschließt er, dass er all den Menschen, denen er zu viel Geld abgenommen hat, dieses zurückgeben wird, und zwar doppelt. Zudem kündigt er an, die Hälfte seines Vermögens zu verschenken.

Immer wieder meinen Menschen, sie müssten erst ohne Sünde sein oder »heilig«, bevor sie Gott finden können. Hier aber zeigt sich der umgekehrte Weg: Gott findet und zeigt sich den Menschen in seinem Sohn Jesus in seiner aktuellen Lebenssituation, er erwartet keine moralische Vollkommenheit, er nimmt an, schenkt liebende Annahme und barmherzige Nähe. Er findet Zachäus und lädt sich zu ihm ein.

Interessant finde ich, dass Jesus zu Zachäus sagt:

»Ich muss heute in deinem Haus zu Gast sein.«

Lukas 19,5

Jesus kann gar nicht anders. In ihm gibt es ein Drängen, genau das zu tun. Es scheint zu seinem Wesen, seinem Charakter zu gehören, denen, die eher außen vor sind, seine und damit Gottes Nähe zu zeigen und zu schenken. Das kann dann der Moment sein, in dem sich ein Mensch ändert, neu anfängt. Weil er jetzt das erfahren hat, wonach er sich am meisten gesehnt hat: bedingungslose Liebe und Annahme oder das Gefühl: Du bist gut so, wie du bist.

Die Frau am Jakobsbrunnen

In dieser biblischen Erzählung ruht Jesus gerade am Jakobsbrunnen aus, als eine samaritanische Frau kommt, um Wasser zu holen. Das war zur Zeit Jesu die Aufgabe der Frauen. Jesus spricht sie an und bittet um etwas Wasser. Dass ein Mann eine (ungläubige) Frau am Brunnen anspricht und sie bittet, ihm Wasser zu geben, war damals ein kulturelles und religiöses »No-Go«. Erschwerend kommt hinzu, dass diese Frau eine samaritische Frau war. Samariter waren für Juden und damit eigentlich auch für Jesus heidnische, ungläubige Menschen. Sie hatten zwar ihre Götter, aber sie verehrten nicht oder nicht nur den jüdischen Gott Jahwe. Mit einer solchen Frau also nimmt Jesus bewusst Kontakt auf, wendet sich ihr zu. Im Lauf ihres Gespräches fragt die Frau Jesus, was denn richtig sei. Die einen sagten, Gott könne nur in Jerusalem, im Tempel angebetet werden, ihre Väter aber hätten auf dem Berg Garizim, an dessen Fuß der Jakobsbrunnen steht, Gott angebetet. Jesus antwortet ihr, dass Gott Geist sei und im Geist angebet werde. Damit positioniert er sich eindeutig und gibt seine Ansicht zu erkennen, dass Gott nicht auf einen Ort festgelegt ist. An anderer Stelle sagt Jesus, dass der Geist Gottes weht, wo er will. Gott ist an keinen geografischen Ort gebunden, Menschen können ihn überall finden und sich von ihm finden lassen. Er lässt sich nicht festlegen oder dogmatisch eingrenzen. Jesus ist hier in seinen Ansichten wirklich revolutionär für seine Zeit. Und diese Revolution zieht sich durch seine ganze Verkündigung. Er weitet den Gottesbegriff, der bisher eng mit dem jüdischen Glauben an die Verehrung Jahwes im Tempel verbunden war, aus und macht immer wieder deutlich: Gott ist nicht festlegbar, nicht verfügbar für den Menschen. Wer ihn aber suchen oder finden möchte, findet ihn überall, im Tempel so gut wie an jedem anderen Ort.

Die Jünger Jesu

Die Menschen, die Jesus gerufen hat, mit ihm zu gehen und ihm nachzufolgen, waren alles einfache Handwerker oder Fischer. Wenn ich sehe, welch hohe Ansprüche heute an die gestellt werden, die Jesus als Priester amtlich nachfolgen wollen, dann hätten diese Jünger Jesu heute keine Chance. Als Fischer kannten sie ihren See und wussten, wo sie wann welche Fische fangen konnten. Damit bestritten sie den Lebensunterhalt ihrer Familien. Als Jesus begann, öffentlich zu predigen und umherzuziehen, war er zunächst in den

Dörfern und Ortschaften um den See von Galiläa herum unterwegs. Interessanterweise wird von allen seinen Jüngern berichtet, dass sie sofort alles stehen und liegen ließen, als Jesus sie aufforderte, ihm zu folgen, und mit ihm gingen. Was mag sie dazu veranlasst haben, dass sie einem ihnen bis dahin fremden jungen Mann folgten? War es sein Charisma, war es die Klarheit seiner Aussage oder hatte sich doch schon irgendwie herumgesprochen, dass hier ein besonderer Mensch unterwegs war, von dem die Leute sagten, dass er lehrte wie einer, der göttliche Vollmacht hat?

Sie wurden also mitten aus ihrem Alltag gerufen, weil Jesus sie genau darin findet und anspricht. Wieder überrascht er die Menschen, er geht zu ihnen und lädt sie ein, so, wie sie sind. Er bringt sie mit einer anderen Dimension ihres Lebens in Berührung. Sie werden gespürt haben, dass er ihnen etwas zu sagen, zu bieten hat, was sie bisher nirgendwo anders gefunden hatten – und vielleicht hatten sie bisher nicht einmal bemerkt, dass sie danach auf der Suche waren.

Mit Jesus waren jedoch noch viele weitere Menschen unterwegs, als nur die zwölf Jünger. An einer anderen Stelle in der Bibel heißt es, dass er 72 Jünger aussandte. Entscheidend hierbei ist, dass diese 72 immer zu zweit ausgesandt werden, keiner ist also alleine auf dem Weg. Sie sollen einander Stärkung sein. Wenn einem von ihnen einmal die Spur Gottes in seinem Leben abhandenkommt, er deprimiert ist, keine Lust mehr hat, wenn die Menschen ihn ablehnen, statt ihn freudig aufzunehmen, kann der andere ermutigen, stärken, helfen, den Blick klären. Jesus selbst sagt später:

»Wo zwei oder drei in meinem Namen versammelt sind, da bin ich mitten unter ihnen.«

Matthäus 18,20

Keiner soll das Gefühl haben, alleine und damit verlassen zu sein – auch nicht von Gott. Gott zeigt sich ja gerade in der Gegenwart eines anderen, der ermutigt und stärkt. Papst Franziskus hat in einer seiner Ansprachen auf dem Petersplatz gesagt: »Jesus nimmt es nicht hin, wenn ein Mensch sein Leben lang mit der ‚Tätowierung' herumläuft, dass ihn keiner wirklich geliebt hat.« Darum geht es: um die Erfahrung, geliebt zu sein. Am einfachsten ist die Liebe Gottes durch einen anderen Menschen erfahrbar, weil sie leibhaft spürbar wird.

Des Weiteren ist von Frauen die Rede, die Jesus begleiteten und unterstützten. Eine von ihnen ist Maria Magdalena, die in der katholischen Kirche ganz offiziell den Titel »Apostelin der Apostel« trägt. Apostel meint zunächst, »Auferstehungszeuge« zu sein. Die Jünger Jesu, die zu seinen Lebzeiten mit ihm gegangen und durch Galiläa und nach Jerusalem gezogen sind, werden später alle »Apostel« genannt, weil sie Jesus als dem Auferstandenen begegnet sind und ihn als diesen verkündet haben. Maria Magdalena aber war die Erste, der Jesus nach seiner Auferstehung begegnet ist. Die Bibel berichtet von ihr, dass aus ihr sieben Dämonen ausgefahren seien. Unter Dämonen verstand man damals Kräfte, die den Menschen in seiner Lebenskraft einschränkten. Es ist davon auszugehen, dass Jesus Maria Magdalena geheilt, sie in ihre volle Lebenskraft geführt hat und sie dann mit ihm gezogen ist. Damit ist auch sie einer der Menschen, der von Jesus gefunden worden ist und sich hat ansprechen lassen. Am Ostermorgen, nach seinem Tod, spricht Jesus sie erneut an, findet sie noch einmal neu. In dieser Situation ist sie wirklich eine Suchende: Sie sucht den Leichnam Jesu, um ihn salben zu können, wie es damals üblich war. Als sie ins Grab schaut, ist Jesu Körper jedoch nicht mehr dort. Sie spricht dann mit einem Mann, den sie für den Gärtner hält, fragt ihn, ob er wisse, wer ihn fortgenommen haben könne. Maria Magdalena erkennt nicht, dass es Jesus ist, mit dem sie spricht. Erst als er sie bei ihrem Namen ruft, gehen ihr sozusagen die Augen auf. Jesus sagt nur: »Maria!« Im Aussprechen ihres Namens muss sein ganz eigener Klang durchgeklungen sein, seine Zuneigung zu ihr. Denn sie erkennt ihn sofort. Sie wendet sich ihm zu und nennt ihn »Rabbuni« – Meister. Maria erkennt ihn an seiner Stimme. Sie findet den, den sie gesucht hat und den ihre Seele liebt.

In dieser Begegnung und in dem Wissen, dass der Totgeglaubte lebt, bekommt sie Mut und Kraft, aufzubrechen und weiterzusagen, dass Jesus lebt. Dass sie bis heute Apostelin der Apostel heißt, ist eine nicht zu unterschätzende Würdigung. Die Jünger Jesu haben sich versteckt, als Jesus ans Kreuz geschlagen wurde, während die Frauen aushielten. Das Johannesevangelium berichtet, dass unter dem Kreuz neben seiner Mutter die Frau des Klepas, die auch Maria hieß, und eben Maria Magdalena standen. Sie blieben bei dem, der sie gefunden und angesprochen, der sie eingeladen hatte, mit ihm zu gehen und bei ihm zu bleiben. Sie erspüren und erahnen, wer dieser Jesus ist, und lassen sich nicht von der Angst packen.

Auch die Jünger werden nach Ostern, nach seiner Auferstehung von Jesus neu gefunden und neu gesandt. Allen Jüngern gemeinsam ist aber, dass sie bedingungslos und ohne nach ihrer Aufgabe oder der Lehre Jesu zu fragen, Jesus gefolgt sind, als er sie gefunden hat. Und auch, dass sie ihre Erfahrungen mit Gott, die sie mit Jesus gemacht hatten, in die Welt tragen wollen und dies konsequent bis zum Ende tun – auch auf die Gefahr hin, für diesen Glauben, für diese Erfahrung, von Gott gefunden worden zu sein, sterben zu müssen.

Jesus

Der Kulturraum Israels, in dem Jesus aufgewachsen und erwachsen geworden ist, war kulturell gänzlich anders geprägt als der westeuropäische Raum. Deutlich ist mir das geworden, als ich mich intensiver mit der Sprache Jesu, dem Aramäischen, befasst habe. Es ist eine sehr bildreiche und poetische Sprache und jedes Wort, jeder Satz kann mehrere Bedeutungen haben. Neil Douglas-Klotz, ein amerikanischer Theologe, hat über viele Jahrzehnte hinweg Aramäisch erforscht und sich vor allem mit dem Vaterunser, dem bekanntesten Gebet Jesu, beschäftigt. Als Grundlage für seine Forschungen hat er eine aus dem 2. Jahrhundert stammende aramäische Fassung des Neuen Testaments genommen. Das dort niedergeschriebene Vaterunser entspricht aller Wahrscheinlichkeit nach dem Text, den auch Jesus gebetet und seine Jünger gelehrt hat. Ich möchte an dieser Stelle nur auf den Beginn eingehen. In der gängigen Fassung lautet er: »Vater unser im Himmel«.

Papst Franziskus hat in einer seiner Ansprachen darauf hingewiesen, die große Revolution des Christentums sei, dass Gott ein Vater ist, vor dem die Menschen keine Angst haben müssen. Gott sei nichts anderes als liebende Annahme. Als Kern des christlichen Betens bezeichnete der Papst den »Mut, Gott mit dem Namen Vater zu nennen«. Dies meint nichts anderes als die innige Nähe zwischen Gott und dem Menschen, so wie sie zwischen einem Kind und seinem Vater besteht. Dass Gott in unserem Kulturraum immer noch primär mit Vater angesprochen wird, ist sicherlich dem patriarchalen Weltbild zu verdanken, in dem der Ein-Gott-Glaube sich entfaltet hat. Aber Gott ist auch Mutter und darf nicht einseitig auf seine Männlichkeit festgelegt werden. Das wird vielleicht am deutlichsten, wenn man sich einmal die ursprüngliche Fassung des Gebetes anschaut.

Im Aramäischen steht am Beginn des Vaterunsers hier das Wort »Abwun«, das geschlechtlich nicht festgelegt ist, sondern eigentlich Vater und Mutter heißt, aber noch viel mehr. Wörtlich übersetzt kann es lauten: »O Gebärer(in)! Vater-Mutter des Kosmos«. Damit wird Gott als eine große Einheit von Vater und Mutter gesehen, die Gebärer, Gebärerin ist. Aus ihr heraus entsteht der Kosmos, wird die Schöpfung geboren. Aus ihr heraus fließen in die Schöpfung, in den Kosmos Kraft und Segen. Über diese Kraft ist die Schöpfung mit der Einheit, mit dem Gebärer, der Gebärerin verbunden. Jesus selbst also geht von einer Einheit des Kosmos aus, davon, dass alles Lebendige, alles Lebende mit seinem Ursprung, also mit Gott verbunden ist.

Während viele Menschen heute von zwei verschiedenen »geografischen« Orten ausgehen, wenn von Himmel und Erde die Rede ist, ist Jesu Denken von der Einheit geprägt beziehungsweise davon, dass alle und alles in jedem Augenblick mit seinem göttlichen Ursprung verbunden ist. Himmel meint in seinem Verständnis nicht einen Himmel »oben«, so wie der Mensch den Himmel wahrnimmt. Himmel ist ein anderes Wort für Gott und seine Gegenwart. Himmel ist die große göttliche Einheit, aus der heraus alle Menschen zu Beginn gekommen und in ihr irdisches Leben geschickt worden sind.

Wie das Judentum beziehungsweise das Christentum in der Erzählung über die Vertreibung aus dem Paradies, kennen auch andere Religionen Schöpfungserzählungen, in deren Verlauf der Mensch aus einer ursprünglichen göttlichen Einheit in eine Dualität fällt. Die größte Sehnsucht des Menschen ist es daher, wieder in diese Einheit zu finden, kein Getrenntsein mehr zu erleben, keine Spaltung. Darum geht es: in die ursprüngliche Einheit mit Gott zurückzufinden.

Die Kirche hat lange Zeit den Menschen ihre Sündhaftigkeit vor Augen gehalten und nicht selten Menschen damit kleingemacht. Sünde bedeutet jedoch nichts anderes als Trennung. Es meint, dass es Situationen gibt, in denen der Mensch die Verbindung zu Gott nicht wahrnimmt, wahrnehmen kann, in denen er in seine Angst fällt, Gott könne ihn nicht lieben, er sei böse auf ihn, er als Mensch sei nicht liebenswert, er fände nie einen Weg aus seinen Blockaden und Mustern heraus. Gott trennt sich aber nicht vom Menschen, noch zieht er sich zurück. Gott ist immer präsent in der Welt, in der Schöpfung, im Menschen. Es geht um die Rückkehr des Bewusstseins von uns Menschen zu der Einheit mit Gott oder um die Einsicht, dass es nichts gibt, was uns wirklich von Gott trennen kann. Deshalb müssen wir Gott auch nicht suchen – weil er sich eben nicht versteckt. Er will gefunden, wiederentdeckt werden. Und er hört nie auf, bei uns Menschen anzuklopfen, uns auf sich aufmerksam zu machen und um uns zu werben, um mit uns in Beziehung zu sein.

Noch deutlicher wird das an einer anderen Stelle in den Evangelien. Da sagt Jesus:

»Du aber geh in deine Kammer, wenn du betest, und schließ die Tür zu; dann bete zu deinem Vater, der im Verborgenen ist.«

Matthäus 6,6

Auf einer Sachebene kann dieser Satz moralisch verstanden werden als Abgrenzung gegenüber den Heuchlern, die sich gerne zur Schau stellen und von anderen gesehen werden. Auf der Bildebene der aramäischen Sprache kann dieser Satz aber auch bedeuten:

»Geh in die Kammer deines Herzens.« Anders gesagt: »Geh in deinen Innenraum, in den Raum, in dem der Vater/Mutter-Gott auf dich wartet.« Auch das meint, dass Gott den Menschen gefunden hat: Er ist in ihm gegenwärtig.

Das wird auf andere Weise deutlich, wenn Jesu nach seinem Tod und seiner Auferstehung seinen Jüngern erscheint und sie dann in die ganze Welt aussendet, damit sie seine »Frohe Botschaft« verkünden. Dabei haucht er sie an und sagt zu ihnen:

»Empfangt den heiligen Geist.«

Johannes 20,22

Der Geist Gottes wird bereits zu Beginn der Schöpfung erwähnt. Da ist er die Kraft, die ordnet und dem Chaos zu Beginn eine Ordnung gibt. Der Geist wirkt im ganzen Kosmos und damit auch in den Menschen. Jesus gibt ihn in diesem Augenblick noch einmal sehr deutlich, in seinem eigenen Atem, an die Jünger weiter, die ihn wiederum weitergeben an jene, die die »frohe Botschaft« hören und selbst weitertragen.

In der Erzählung über Pfingsten (Apostelgeschichte 2,1–4) gibt es noch einmal ein anderes Bild, wie die Jünger Jesu mit diesem Geist Gottes erfüllt wurden: Es ist von Feuerzungen die Rede, die sich auf die Jünger niederlassen. Ein Bild dafür, dass dieser Geist Gottes sie entzünden, feurig sein lassen will. Und tatsächlich finden die Jünger Jesu jetzt den Mut, in alle Welt hinauszugehen und den Menschen von Gott und Jesus zu erzählen.

Das oben schon erwähnte aramäische Wort »Abwun« kann noch eine weitere Bedeutung haben: »O Du! Atmendes Leben in allem!« Dann ist Gott nicht nur den Menschen nahe, sucht und findet ihn nicht nur in seiner konkreten Alltagswelt, sondern ist sogar eine Kraft, die in ihm lebt und atmet. Es ist der Geist Gottes und damit Gott selbst, der im Menschen lebt und lebendig ist. Im Atem selbst atmet Gott im Menschen.

Gott
wieder finden

Gott entdecken:

Nicht suchen – finden!

Interessanterweise fand ich folgenden Satz von Pablo Picasso: »Ich suche nicht, ich finde.« Man kann sich fragen: Ist das nicht genau das Gleiche? Will nicht der, der sucht, auch finden? Ich glaube, dass es bei diesem Zitat von Picasso um den Blickwinkel geht.

Viele Menschen investieren einiges an Energie ins Suchen. Manche suchen sogar ihr Leben lang und finden nie, sie kommen nie an und bleiben deshalb unzufrieden. Wer innerlich mit dem Gedanken »Ich finde« unterwegs ist, der ist bereit, auch anzukommen, zu finden und wahrzunehmen: Das ist das, was ich gesucht habe. Ein wenig erinnert es mich an den Satz, der lange »in« war: Der Weg ist das Ziel. Das stimmt durchaus. Aber was ist ein Weg ohne wirkliches Ziel im Sinn von ankommen? Natürlich gilt es den Weg zu würdigen und die wesentlichen Erfahrungen des Weges. Ich selbst wäre ohne meine Erfahrungen auf dem Jakobsweg nicht der, der ich heute bin. Es braucht im Leben immer wieder Aufbruch, Losgehen, sich Verabschieden von Wegen, die nicht mehr tragfähig sind, aber es geht auch um ein neues Finden, ein neues Ankommen.

In Bezug auf Gott kann das bedeuten, Altes loszulassen, festgefügte Denkschemata, wie Gott zu sein hat, wie ich ihn mir wünsche, an die Seite zu legen. Und mich von Gott überraschen zu lassen, wie das nicht nur die Gestalten des Alten Testaments getan haben, als sie Gott begegneten, sondern vor allem auch die Menschen, die mit Jesus in Berührung kamen. Ihnen allen gemeinsam war, dass ihnen Gott begegnet ist, wo sie es eigentlich gar nicht erwartet haben. Und vielleicht auch, dass sie Gott zunächst gar nicht gesucht haben, sondern er sie gefunden hat. Häufig suchen wir Gott aber immer nur an den Orten, wo wir ihn offensichtlich vermuten: in Kirchen, Gottesdiensten, Heiligtümern, auf Pilgerwegen und so weiter. Dabei gerät uns aus dem Blick, dass er uns auch heute dort begegnet, wo wir ihn gar nicht suchen oder vielmehr, wo wir unser Suchen beenden und uns einfach von ihm finden lassen. Oder wo wir uns mit der Haltung aufmachen: »Ich suche nicht, ich finde!«

Im Folgenden möchte ich einige dieser möglichen »Findeorte« Gottes näher betrachten.

Gott finden in mir

Der Mensch als Ebenbild Gottes

In letzter Zeit habe ich häufiger Diskussionen geführt, in denen es um die Frage ging, ob Gott männlich und weiblich ist oder ob Gott gar nicht auf diese Kategorien festgelegt werden kann, weil er doch der Größere, der Erhabenere ist, der, der über menschliche Kategorien hinausgeht. Wenn ich die Aussage der Bibel lese, dass der Mensch Abbild (an anderer Stelle heißt es Ebenbild) Gottes und der Mensch eben männlich und weiblich ist, dann bedeutet dies für mich zunächst einmal, dass Gott in sich männliche und weibliche Eigenschaften hat. Für den Menschen als Gottes Abbild fasst die moderne Psychologie das etwas grundsätzlicher in die Einsicht, dass es dem Menschen, der in sich weibliche und männliche Anteile trägt, aufgegeben ist, diese in sich in sich lebendig sein zu lassen und in seine Persönlichkeit zu integrieren. Die Psychologie spricht hier von »animus« als der männlichen und der »anima« als der weiblichen Seite des Menschen.

In Jesus ist Gott Mensch geworden, so die christliche Überzeugung. Jesus sagt:

»Wer mich gesehen hat, hat den Vater gesehen.«

Johannes 14,9

Das meint jedoch nicht, dass Jesus das auf sein Mannsein bezieht. Dass er ein Mann gewesen ist, lässt keine Rückschlüsse darauf zu, dass Gott nur Mann ist, auch wenn er über Jahrhunderte hinweg so dargestellt wurde – davon einmal abgesehen, dass die meisten Bilder ihn als gütigen Großvater mit weißem Bart zeigen und weniger als der strenge, klare Richter oder der durchtrainierte, junge Mann mit Waschbrettbauch.

Die Aussage Jesu über sich selbst hat vielmehr mit seinem inneren Charakter und seinem Verhalten Menschen gegenüber zu tun als mit äußeren Vorgaben. In Jesus können wir erkennen, wie Gott ist. An seinem Verhalten ist ablesbar, wie Gott sich gegenüber Menschen verhält. All die Bilder, in denen Jesus von Gott spricht, holt er mit seiner Art und Weise, Menschen zu begegnen, ein: Jesus spricht von Gott als dem barmherzigen Vater, der den Sohn, der all sein Vermögen ausgegeben hat, barmherzig annimmt. Er spricht von ihm als dem Hirten, der jedem einzelnen Schaf nachgeht. Genauso handelt Jesus. Sein Blick in den Begegnungen mit Menschen war immer der barmherzige, der liebende, der sich zuwendende Blick. Manchmal sogar der traurige, wenn es ihn schmerzt, dass einer, der ihm nachfolgen will, spürt, dass er es nicht kann. Und als er zu seinem verstorbenen Freund Lazarus kommt, ist er bis ins Mark erschüttert und getroffen. In Jesus zeigt Gott sich als der Mitleidende, der sich vom Leid und von der Not der Menschen berühren lässt. Er zeigt sich als der, der den Menschen liebevolle Zuwendung schenkt, sie aufrichtet, ermutigt und heilt. Genauso ist er aber auch der Entschiedene, Klare, Herausfordernde. An mancher Stelle im Evangelium sagt Jesus sehr deutlich: »Steh auf!« Dahinter steht sein unbedingter Wille, dass der andere sich aufrichtet und wieder Kraft hat, seinen Weg zu gehen. Ist der Mensch Ebenbild Gottes, dann darf durch jeden Menschen deutlich werden, wie Gott ist. Dann darf sich jeder mit seinen weiblichen und männlichen Anteilen anderen liebevoll zuwenden, sie aufrichten, stärken und ermutigen, aufzustehen und ihren Weg zu gehen. Bis heute gründet genau darin auch die einzigartige Würde des Menschen: Weil er Gottes Ebenbild ist, von Gott einmalig geschaffen, ist er für Gott unendlich wertvoll.

Wenn der Mensch sich als ein solches Ebenbild begreift, dann kann er in all seinen Fähigkeiten und Eigenschaften Gottes verschiedene Aspekte in sich finden, die sich in männlichen und weiblichen Anteilen zeigen. Als Abbild Gottes richtet sich jedoch der Blick nicht nur nach innen. Auch in seiner äußeren Schönheit, in seinem so unglaublich vielfältigen Antlitz, das uns aus den Gesichtern dieser Welt entgegenschaut, wird seine Kreativität, seine Vielfältigkeit, seine Weite spürbar, wenn er jeden der über sieben Milliarden Menschen, die auf der Erde leben, so einzigartig und so unterschiedlich geschaffen hat.

Der Mensch als Gottesraum

An Pfingsten 2017 fand in unserer Abtei ein Symposion mit dem Titel »Brücken zu Gott« statt. Es ging darum, aus der Tradition von Christentum, Islam und Judentum Wege zu Gott aufzuzeigen. Alle drei abrahamitischen Religionen glauben an einen Gott, der aber jeweils verschiedene Namen trägt. Während für Juden der Name Gottes heilig und unaussprechlich ist, heißt er für die Christen eben Gott oder Jahwe (»Ich-bin-da«), für die Muslime Allah.

Der Vortrag einer Professorin für Islamwissenschaft trug den Titel »Näher als meine Halsschlagader«. Dieser bezieht sich auf eine Aussage des Korans, in der Gott beziehungsweise Allah über sich selbst sagt, dass er dem Menschen näher sei als die eigene Halsschlagader. Nach dem Pfingstgottesdienst am Sonntag erzählte mir ein Teilnehmer begeistert von diesem Vortag. Er ist Arzt und hat lange über den Titel nachgedacht. Er hatte noch einmal überlegt, was die Halsschlagader medizinisch für einen Menschen bedeutet: Sie ist lebenswichtig. Mit ihr verbindet sich das Leben. Wird sie verletzt oder platzt zum Beispiel durch ein Aneurysma, kann der Mensch innerhalb kürzester Zeit verbluten. Deshalb wohl ist die Halsschlagader eine der sensibelsten Stellen im Körper eines Menschen. Der Arzt betonte, wie nah ihm die Halsschlagader auch emotional sei: Weil an ihr das Leben hängt, weil ihm neu bewusst wurde, wie wertvoll ihm sein eigenes Leben ist und wie sehr er dieses Leben genießen möchte. Eben weil es einmal ganz schnell zu Ende sein kann.

Mit diesem Zitat aus dem Koran ist wohl gemeint, dass Gott dem Menschen noch viel näher ist als diese Lebensader. Emotional meint dies, dass Gott sich ganz eng mit dem Menschen verbunden fühlt, er ist beim Menschen und in ihm. Im Christlichen hat es Thomas von Aquin einmal so gesagt: »Gott ist mir näher als ich mir selbst.« Auch heute noch wird in der Verkündigung der Kirche häufig darauf hingewiesen, dass es zwischen Gott und dem Menschen eine Distanz gäbe, ja sogar einen Abgrund, der nicht zu überwinden sei. Gott sei der große, erhabene Gott, dem gegenüber der Mensch klein und zudem ein Sünder sei. Dieses Bild aus dem Koran zeigt Gott jedoch ganz anders: intimer, als eine Einheit mit dem Menschen, so wie er eins ist mit seiner Halsschlagader. Damit der Mensch lebendig ist, braucht es diese Ader, aber auch umgekehrt: Ohne den Menschen ist diese Ader nicht lebendig. Beide sind aufeinander verwiesen. Dann gilt auch: Gott geht nicht ohne den Menschen und der Mensch nicht ohne Gott.

In einer Festpredigt hat ein Mitbruder einmal davon gesprochen, Gott sei ein »passionierter Menschenfreund«. Er wählte diesen Ausdruck auf dem Hintergrund der Bedeutung dieses Wortes im deutschen Sprachgebrauch: Ein »passionierter Koch«, »ein passionierter Gärtner«. Das meint immer, ein Mensch geht einem Beruf, einem Hobby mit Leidenschaft, Engagement und Hingabe nach. Ebenso tut es Gott mit dem Menschen und seiner Freundschaft.

In einer Freundschaft aber kann es nicht Gottes Anliegen sein, einen Abgrund zu schaffen zu dem, mit dem er befreundet sein will, auf Abstand zu gehen oder sich fern zu halten. Ein solch angenommener Abgrund zwischen Gott und den Menschen hat seinen Ursprung darin, dass man einerseits die Sündhaftigkeit des Menschen und andererseits die Heiligkeit Gottes betonen wollte. In meiner Wahrnehmung betont Jesus aber gerade die Liebe und Freundschaft Gottes zu den Menschen – trotz seiner Schwachheit. Jesus stellte jeden, den er traf, wieder in diese Freundschaft hinein, machte sie ihm neu bewusst und zeigte ihm, dass, was immer er auch getan oder nicht getan hatte, nichts zwischen Gott und dem Menschen steht. Eine Aussage von Jesus, die aus meiner Sicht viel zu wenig bedacht wird, ist:

»Wer an mich glaubt, wird die Werke, die ich vollbringe, auch vollbringen und er wird noch größere vollbringen.«

Johannes 14,12

Ich frage mich manchmal: Was passiert in einem Menschen, wenn er einmal ganz wahrnimmt und den Gedanken zulässt, dass Gott schon längst in ihm angekommen ist, bei ihm ist, er ihm ganz nahe ist wie der beste Freund und vielleicht sogar noch näher. Nicht wenige Mystiker haben die Beziehung Gottes zum Menschen in erotischen Bildern beschrieben – voller Liebe, Eros, Intimität und Vertrautheit.

Ohne ein Fachmann zu sein, verstehe ich die Aussage des Korans und die Aussage Gottes beziehungsweise Allahs genau so: Wenn Gott dem Menschen näher ist als seine Halsschlagader, dann ist er ganz eng vertraut mit ihm. Es ist eine symbolische Aussage, weniger eine biologische. Gott ist nah, weil er eben auch in meinem Leib, in mir gegenwärtig und präsent ist.

Das heißt aber ebenso: Eine Halsschlagader ist für den Menschen lebenswichtig – dann aber auch Gott. Ich kann es Halsschlagader nennen, christlich würde ich vielleicht sagen Gottes Geist im Menschen. Gott verbindet sich auf das Engste mit dem Menschen. Dann aber ist der Mensch viel mehr als Abbild oder Ebenbild Gottes, viel mehr als Abbild der einen oder anderen Eigenschaft Gottes. Gott ist – durchaus auch im intimen, liebenden Sinn – vereinigt mit dem Menschen. Aufs Innigste mit ihm verbunden. Er selbst ist im Menschen.

Hier muss man wohl wirklich von einer Revolution sprechen, die das Christentum ausgelöst hat. Für die Juden war zur Zeit Jesu Gott der Allerheiligste, der im Himmel wohnt. Im Tempel in Jerusalem befand sich die sogenannte Bundeslade: die Gesetzestafeln mit den Zehn Geboten, die Moses von Gott auf dem Berg Sinai erhalten hatte. Diese symbolisierten die Gegenwart Gottes im Tempel. Zu dem Ort, an dem die Bundeslade aufbewahrt wurde, hatten aber nur die Priester Zugang.

Die Vorstellung, dass Gott mit dem Menschen auf »Tuchfühlung« geht, war daher in den Kreisen, in denen Jesus lebte, beinahe so etwas wie Gotteslästerung und erzeugte daher Widerstand und Widerspruch. Jesus zeigt mit seinem Verhalten und auch seinem Selbstverständnis: Gott wird in Jesus als Mensch erfahrbar und möchte dies auch durch und in jedem anderen Menschen erfahrbar werden. Zudem ging Jesus nicht in erster Linie zu den Priestern und Gesetzeslehrern, sondern wendete sich den Menschen am Rand zu, denen, die auf untersten Stufe der Gesellschaft angekommen waren.

Paulus, einer der engagiertesten Verkünder des christlichen Glaubens im ersten nachchristlichen Jahrhundert, schreibt in einem seiner Briefe an eine christliche Gemeinde:

»Wisst ihr nicht, dass der Tempel Gottes heilig ist,
und der seid ihr?«

1 Korinther 3,16

Was früher der Tempel in Jerusalem war, ist jetzt der Leib des Menschen. Der Leib ist Raum, ist Ort der Gegenwart Gottes. Der Leib ist Gottesraum. Am Beginn des Johannesevangeliums steht der (bekannte) Satz:

»Und das Wort ist Fleisch geworden.«

Johannes 1,14

Zunächst bezieht sich das auf Jesus, aber gemeint ist, dass dies auch in jedem Menschen geschehen soll. Gottes Wort, Gott selbst soll im Menschen erfahrbar und spürbar werden. Das Wort, mit dem Gott zu Beginn alles erschuf, wird in Jesus Fleisch. Der Satz zu Beginn des Johannesevangeliums kann auch übersetzt werden mit: »Der Klang ist Fleisch geworden.« Noch vor dem Wort war der Klang Gottes, der Ton Gottes im Universum, der sich dann zum Wort formte und formulierte. Wenn ich vom Klang ausgehe, dann wird in Jesus und im Menschen Gottes Klang zum Laut und zum Wort. Gott soll hindurchtönen und -klingen, nicht nur im Wort, sondern im ganzen Sein des Menschen. Nicht umsonst sprechen wir von einer Sprachmelodie, von dem Klang in der Stimme, davon, wie ein Mensch klingt – welche Stimmung anklingt, wenn er spricht, ob ich spüre, er spricht aus seiner Mitte heraus, er bringt sich selbst zum Klingen, er plappert nicht anderen nach dem Mund, sondern lässt das in seinen Worten antönen, was – wie manche es heute sagen – »ganz Seins ist«.

Der Mensch in seinem Leib ist also Resonanzraum und Klangraum, in dem Gott klingt und in dem der Mensch Gott entdecken und finden kann.

Gott im Leib

Wenn der Leib des Menschen Resonanzraum, Klangraum Gottes ist oder, wie Paulus sagt, »heiliger Tempel«, dann darf der Mensch den Leib nicht gering schätzen. Das Wort »Leib« unterscheidet sich im deutschen von der Bezeichnung »Körper«. »Leib« beinhaltet, dass der Mensch eine Einheit von Körper und Seele ist. Anders gesagt: Der Leib eines Menschen ist nicht nur ein biologisches Gebilde, dessen Funktionen den Menschen am Leben halten, sondern ein Wesen, das empfindet, fühlt, liebt, trauert, sich freut. Genau das aber kann der Mensch nur über den Körper ausdrücken. Die Wissenschaft weiß heute, dass alles, was der Mensch empfindet, was er erleidet, was ihn freut und schmerzt, nicht nur in der Seele gespeichert wird, sondern eben auch im Körper, in der Haut, dass auch der Körper Erinnerungsorgane hat.

Lange Zeit war gerade im Christentum der Leib jedoch verpönt. Man sah ihn nicht als Einheit, sondern sprach vielmehr von einem Leib-Seele-Dualismus. Dieser gründet eigentlich im griechischen Platonismus und wurde für die christliche Lehre ausschlaggebend, als das Christentum in seinen Anfängen in den griechischen Kulturraum eingeführt wurde. Um den Menschen dort das Neue, die »Frohe Botschaft« der christlichen Lebensweise vermitteln zu können, bediente man sich platonischer Begriffe und Denkmuster, die dann jedoch wiederum auch die christliche Lehre beeinflussten. So kam es, dass es jetzt die Seele war, die es zu retten galt, die für das ewige Leben bereitet und würdig geformt werden sollte. Alle körperlichen Triebe und Begierden sollten dagegen abgetötet, unter Kontrolle gebracht werden, nicht zuletzt auch die stärkste Kraft im Menschen: die Sexualität. Die Bildung der Seele wurde wichtiger als die Bildung und Formung des Körpers. Freude am Körper zu haben, an Essen und Trinken, an Gefühlen, galt als unfromm. Dabei ist doch gerade das Christentum eine wirklich »sinnliche« Religion, denn was wird anderes deutlich in der Feier des Abendmahles, in der Brot und Wein geteilt werden und wir darin Gottes Nähe und Liebe schmecken, kosten und fühlen dürfen?

Im Leib-Seele-Dualismus wurden die Bedürfnisse des Körpers und ihre Wahrnehmung missachtet und den Menschen asketische Übungen auferlegt. Das hat maßgeblich dazu beigetragen, dass Menschen sich bis heute als ein Geschöpf mit Körper und Seele wahrnehmen – aber eher als zwei verschiedene, widerstreitende Seiten als eine Einheit.

Bis heute ist es eine weit verbreitete Vorstellung, dass im Tod der Körper des Menschen von seiner Seele getrennt wird – was biologisch auch stimmt. Kein Mensch würde auf die Idee kommen, zu behaupten, dass der biologische Körper mit aufersteht. Paulus spricht in der Bibel vom Auferstehungsleib beziehungsweise einem »überirdischen« Leib, den der Mensch bei der Auferstehung der Toten am Ende aller Zeiten erhält. Was damit gesagt sein soll, ist: Der Mensch wird mit all seinen Erfahrungen weiterleben, keine der im Körper gespeicherten Erfahrungen wird ungesehen, ungewürdigt, unrespektiert, unangenommen bleiben. Für das Leben eines Menschen bedeutet dies, dass Körper und Seele eine untrennbare Einheit bilden – eben den Leib. Und dieser Leib ist Wohnort Gottes.

Gott zu entdecken, Gott zu finden heißt dann, sich seinem Leib zuzuwenden, ihn zu würdigen, zu achten als Schöpfung Gottes und Wohnort Gottes. Ihn so zu akzeptieren, wie er ist. Das heißt auch, ihn in seinem Altern anzunehmen, in dem, wie er mit der Zeit geworden ist. Akzeptanz hängt an dem Leben, das sich ausdrückt, an der Würde, die durch alles Schwere hindurch gewahrt worden ist, hängt an den Lebenserfahrungen, die in einem Leib gespeichert sind und sichtbar werden – auch in den Falten, die sich durch manche Sorge, manches Leid im Leib gebildet haben.

Ich halte es für unendlich kostbar, dass bei einer katholischen Beerdigung der Sarg mit Weihrauch geehrt wird. Weihrauch entsteht durch das Verbrennen von wertvollem Harz. Damit wird ausgedrückt: Dieser Leib war wertvoll. Der wohltuende Duft des Weihrauchs gilt auch als Ausdruck göttlichen Heils, das dem Menschen zuteilwerden soll. Der Leib also war Ort des göttlichen Heils.

Es geht darum, in den Leib zu kommen, sich in ihm zu beheimaten und ihn als den je eigenen Klangraum Gottes anzunehmen. Immer wieder bemerken Menschen in seelsorglichen Gesprächen, dass sie sich schwertun, sich in ihrem Leib richtig zu spüren, wahrzunehmen und in ihm anzukommen. Ich finde es einen spannenden Weg, mit ihnen gemeinsam nach den Ursachen dafür zu suchen und ihre Blockaden diesbezüglich abzubauen. Es ist interessant, den eigenen Leib zu entdecken und sich einmal vor Augen zu halten, wie viele Muskeln, Sehnen, Adern, Venen in uns sind und wie diese tagtäglich zusammenspielen müssen, damit wir aufstehen, unsere Arbeit tun, uns freuen und lachen können. Zu entdecken, wie sich die eigene Seele über den Leib ausdrücken kann. Der Leib ist bei genauer Betrachtung ein Wunderwerk, dessen Zahnräder faszinierend ineinander greifen. Und keinen Menschen gibt es zwei Mal auf der Erde. Jeder ist einmalig, in seinem Leib und in seiner Seele. Jeder Mensch bleibt ein einmaliges Geschöpf Gottes. Deshalb gilt für jeden Menschen das, was von Jesus gilt: In ihm ist Gott Mensch geworden.

Wie aber kann ein solches Hineinfinden in den Leib gelingen? Ich möchte zwei Aspekte dazu nennen:

Viele Menschen praktizieren heute Meditation und es gibt viele verschiedene Formen und Richtungen. Eine der bekanntesten ist wohl die Zen-Meditation. Ursprünglich aus Japan kommend, hat sich im Westen in den letzten Jahrzehnten auch eine christliche Form des Zen herausgebildet und entwickelt. Die Grundform des Zen ist, dass der Meditierende in der Stille sitzt. Er nimmt dazu auf einem Meditationskissen oder -hocker Platz. Eine aufrechte, im Becken gegründete Sitzhaltung ermöglicht ihm dann eine gute und bewusste Wahrnehmung seines Leibes. Darum geht es im Zen: Gut im Leib da zu sein, zu sitzen und den Klangraum des Leibes zu spüren. Und in diesem Raum die Gegenwart Gottes. Oft wandern die Gedanken, schweifen ab, gehen in die Zukunft oder die Vergangenheit. Sobald man als Meditierender wahrnimmt, dass man nicht mehr in der Gegenwart des Sitzens ist, versucht man, sich wieder in den Leib zurückzuholen, ganz in sich und bei sich zu sein. Der Meditierende achtet daher bewusst auf seinen Atem und geht immer wieder in die Wahrnehmung des Atems. Sein Fließen und das Wahrnehmen dieses Fließen bringt den Meditierenden zurück in die Wahrnehmung seines Leibes.

Der Atem heißt in hebräischer Sprache »Ruach« und ist gleichbedeutend mit dem Wort für »Geist«.»Ruach« ist weiblich und heißt wörtlich übersetzt: »die Geistin«. Im Atem also durchströmt den Menschen Gottes Geist, seine beziehungsweise ihre lebendige Kraft. Vielleicht kennen Sie das: Sie sind voller Kraft und Energie, kreativ, ganz bei sich, eins mit sich selbst und voller Tatendrang. So fühlt es sich an, von Gottes Geist, von seiner Kraft erfüllt zu sein. Oft wurde und wird im Christentum Gegenteiliges verlangt: lieb und nett zu sein, brav und angepasst. Welch eine Kraft aber ist Gottes Geist, wenn der Kosmos durch ihn erschaffen wurde, wenn in der Kraft Gottes Heilungen geschehen, Dämonen ausgetrieben und Tote auferweckt werden! Welche eine Kraft und Weite ist es, wenn der Meditierende spürt, wie sich in der Kraft seines Atems der Brustkorb weitet, mit Atem und Geist füllt, er aufgerichtet sitzt und im Ausatmen diesen Geist durch seinen ganzen Körper strömen lässt! Die Meditation ist ein Weg, sich als Mensch in der Kraft Gottes zu erfahren. Das Entscheidende ist die Wahrnehmung des Atems. Dies kann man auch bei einem Spaziergang tun, beim Sitzen im Sessel, als Entspannungsübung, beim »Durchschnaufen«, wenn man in einer Pause tief Luft holt.

Eine zweite Idee: Einmal in der Woche treffe ich mich morgens um sieben mit unseren Gästen aus dem Recollectio-Haus. Wir gehen in der Regel, wenn es nicht gerade in Strömen regnet, in die Natur. An einem ruhigen, geschützten Platz lade ich alle ein, ihren Körper bewusst wahrzunehmen. Ich beginne dabei immer damit, dass ich in der Natur stehe und mich wahrnehme, wie ich jetzt an diesem Morgen da bin – müde, wach, froh, ärgerlich, durcheinander. Doch egal, wie es mir gerade geht, ich stehe mit beiden Füßen auf der Erde. Durch sie bin ich mit ihr verbunden.

Wir stellen uns dann weiter vor, dass wir an diesem Ort fest verwurzelt sind. Dass wir wie ein Baum feste Wurzeln in der Erde haben. Wir spüren, dass wir einen festen Stand, im wahrsten Sinn des Wortes »Boden unter den Füßen« haben und dass die Erde und damit Gottes Schöpfung uns trägt. Ein weiterer Aspekt dabei: Dort, wo jeder gerade steht, kann kein anderer stehen. Es ist sein Platz, den er einnehmen darf. Manchmal lasse ich dann alle ihre Arme ausbreiten, langsam, damit sie spüren, wie sie ihre ganze Spannbreite erreichen. Wenn die Arme ganz in der Waagerechten sind, nehmen wir unsere Spannkraft wahr und dass dieser Raum um uns herum jetzt unser Raum ist, den wir einnehmen dürfen. Es ist wunderbar, über den Leib Erfahrungen zu machen, die auch im übertragenen Sinn im Leben eines jeden Menschen Bedeutung haben: festen Boden zu spüren, einen Platz und Raum im Leben zu haben, sich entfalten zu können.

Hinzu kommt dann noch die bewusste Wahrnehmung der Natur. Im Sommer ist es wunderbar, dem Gesang der Vögel zu lauschen, im Winter die frische Morgenluft zu spüren, im Frühjahr die ersten Sonnenstrahlen, im Herbst dem Fallen der Blätter zu lauschen. Ich bin immer wieder beeindruckt, wie viele leise Geräusche und Töne zu hören sind, wenn man sich auf das Lauschen konzentriert. In all dem erfahre ich mich als geschaffenes Wesen und in Einheit mit der Natur. Das Spüren der einzelnen Körperteile (Arme, Brust, Beine) durch Berühren und leichtes Abklopfen mit der Faust, lässt mich dann meinen Leib noch einmal bewusster spüren und das Zusammenspiel seiner Glieder wahrnehmen.

Am Ende berühren wir dann meist noch unseren Kopf und das Gesicht mit den Fingerspitzen und nehmen beides so auch noch einmal ganz bewusst wahr. Hier weise ich immer darauf hin, das Gesicht in diesem Moment einmal als Ebenbild Gottes wahrzunehmen, als Augen, mit denen Gott in die Welt schaut, als Ohren, die ihren Sorgen, Freuden und Problemen lauscht, als Mund, der schmeckt und seine Worte weitersagt.

Dann machen wir schweigend einen kurzen Gang durch die Natur, nehmen die warmen Sonnenstrahlen auf unserem Körper wahr oder Meditieren den Bachlauf als Sinnbild, uns dem Fluss des Lebens zu überlassen

Diese Morgenübung endet immer mit einer Verneigung vor Gott und seiner Schöpfung, vor der Gruppe, aber auch vor mir selbst. Ich verneige mich vor mir, so, wie ich geworden und jetzt an diesem Morgen da bin, mit meiner Geschichte bis zum heutigen Tag, der Geschichte meines Körpers, meiner Seele, meines Leibes. Es ist Gottes Geschichte mit mir – Gottes Heilsgeschichte.

Selbstannahme

Die Selbstannahme beziehungsweise Selbstliebe war lange Zeit gerade in christlichen Kreisen »unterbelichtet«. Zu oft und zu sehr ging es um den Dienst am Nächsten. Vor allem die eigenen Bedürfnisse –

sowohl leibliche als auch seelische – durften keine Rolle spielen und mussten hinter den Bedürfnissen der anderen zurückstehen. Nicht selten führte das dazu, dass Menschen über ihre Belastungsgrenzen hinausgegangen sind und sich am Ende selbst aufgeopfert haben. Gerade in Ordensgemeinschaften kam dies häufig vor.

Sich selbst anzunehmen bedeutet, sich in zweierlei Hinsicht anzunehmen: den eigenen Charakter, die eigene Lebensgeschichte und den eigenen Körper.

In meiner eigenen Wahrnehmung kam in den letzten Jahrzehnten ein Prozess in Gang, der zunächst einmal auf den Einzelnen schaute, auf seine Bedürfnisse, auf seine Begabungen und Talente, auf die eigenen Fähigkeiten und Ressourcen. Aber auch darauf, dass jeder Mensch in sich ein Kunstwerk ist und in dieser Hinsicht schön. Zwar kann ein Einzelner einen anderen hässlich finden, aber dieser Ansicht liegen dann die eigenen Maßstäbe darüber, was schön und was hässlich ist, zugrunde. Als Gottes einmaliges Geschöpf ist aber jeder Mensch schön, trägt jeder das Antlitz Gottes, leuchtet in allen Augen etwas von seiner Liebe auf. Es ist nur eine Frage des Blickwinkels.

Ich schätze es sehr hoch, dass in meiner Abtei großer Wert auf die Entfaltung des einzelnen Mönches gelegt wird und jeder die Hilfe bekommt, die er braucht, um das tun zu können. Bereits vor über zwanzig Jahren, als ich noch im Studium war, besuchte ich zum ersten Mal die Abtei und war sehr angetan davon, hier lauter (junge) Mönche anzutreffen, die so lebendig wirkten, ganz mit sich einverstanden schienen.

Um mit mir einverstanden sein zu können, muss ich mich jedoch zunächst selbst annehmen, mit allen guten und auch mit den schwierigen Seiten. Wenn Jesus sagt:

»Liebe deinen Nächsten wie dich selbst«,

Matthäus 22,39

meint er genau das: Ich darf mich selbst so annehmen, wie ich bin – innen und außen. Ich darf mich annehmen, wie ich aussehe, selbst wenn ich vielleicht lieber eine andere Nase hätte oder einen anderen Körper, einen, der durchtrainiert ist. Und ich darf mich annehmen, wie und wer ich durch meine ganz persönliche Geschichte geworden bin. Mit beiden Aspekten tun sich viele schwer. Gerade wenn die eigene Lebensgeschichte sehr viel Schweres und Verletzendes enthält, braucht es oft Jahre intensiver Begleitung, bis jemand sich annehmen und akzeptieren kann.

Die Selbstannahme kann nicht einfach verordnet werden. Jeder Mensch muss aus eigenem Willen, aus eigenem Bedürfnis eine Beziehung zu sich, zu seinem Leben, seiner Geschichte und auch zu seinem Leib aufbauen. Er darf dabei auch seine eigenen Überforderungen erkennen, wenn er von jetzt auf gleich alles ändern möchte und lernen muss, dass manche Prozesse nur im Schneckentempo zu bewältigen sind. Jeder Mensch muss seinem eigenen Rhythmus, dem eigenen Seelentempo folgen bei den anstehenden Prozessen.

Gerade darin haben die Geschichten über die biblischen Personen zu Beginn des Buches eine fast schon archetypische Bedeutung. Alle hatten ihr »Päckchen« zu tragen und die Aufgabe, damit leben zu lernen, es in das eigene Leben zu integrieren und sich dennoch geliebt und angenommen zu wissen – von Gott. Abraham litt unter Kinderlosigkeit, Mose darunter, dass er einen Menschen umgebracht hatte, Josef unter dem vermuteten Fremdgang Marias, Maria unter der Last der ihr zugemuteten Aufgabe, Zachäus darunter, dass er nicht angesehen und beliebt war. Im Deutschen gibt es die Redewendung »Unter jedem Dach ein Ach«. Sie macht deutlich, dass in jedem Haus, jeder Familie, jeder Wohnung Schweres ist, dass auch heute jeder sein Päckchen zu tragen hat: ein Schicksalsschlag, ein körperliches Leiden, ein Konflikt, der schwelt, Arbeitslosigkeit, finanzielle Not, Sorgen um die Kinder, Enkel oder Eltern. Häufig sind diese Nöte zudem mit einem sozialen Stigma belegt, und Menschen, die davon betroffen sind, möchten lieber die heile Fassade ihres Lebens aufrechterhalten, als zuzugeben, dass sie arbeitslos geworden sind, der Partner sich von ihnen und den Kindern getrennt hat oder dass sie an einer tödlichen Krankheit leiden. Sie bleiben so nicht nur mit ihren Nöten allein, sondern verwenden zudem viel Energie und Kraft darauf, ihren Mitmenschen etwas vorzumachen, heile Welt zu spielen. Häufig geht es dabei nicht nur um die Überlegung: »Was sollen die anderen von mir denken?«, sondern vor allem auch darum: »Was soll ich selbst von mir denken? Wie kann ich damit leben, dass ich jetzt so – arbeitslos, krank, allein – bin?«

Es ist ein wichtiger Schritt, wenn ein Mensch sich ganz annehmen kann, ohne etwas beschönigen oder vertuschen zu müssen, weder vor sich selbst noch vor anderen. Hilfreich finde ich den Gedanken, dass Gott im Menschen und der Mensch Gottes Ebenbild bleibt. Gott bleibt dem Menschen zugewandt.

Wenn es schwerfällt, das eigene Schicksal anzunehmen, gerade wenn es um soziale Stigmata geht, kann es helfen, noch einmal in die Bibel zu schauen: Die Ankunft Gottes in Jesus ereignet sich in einem Stall. Josef, der wahrscheinlich schon wegen der Geschichte mit Maria und dem Kind, das nicht seines ist, schief angesehen wurde daheim; jetzt zu Hause, muss nun auch noch miterleben, dass die Geburt in der »letzten Ecke« stattfindet. Ob er sich erniedrigt, heruntergekommen gefühlt hat? Ob er diese Situation leicht annehmen konnte? Und wie es Maria wohl damit ging?

Die Ankunft der drei Könige, die wertvolle Geschenke mitbringen, »adeln« diese Geburt und zeigen: Der Stall ist ein Ort mit königlicher Würde. Kein noch so schmutziger Ort ist unwürdig, dass nicht Gott anwesend sein könnte, dass nicht denen, die da »hausen«, königliche Würde zukommt.

Kürzlich las ich einen Text des Mystikers Meister Eckhard über den »Mist«:

»Das Pferd macht den Mist in dem Stall, und obgleich der Mist Unsauberkeit und üblen Geruch an sich hat, so zieht doch dasselbe Pferd denselben Mist mit großer Mühe auf das Feld; und daraus wächst der edle schöne Weizen und der edle süße Wein, der niemals so wüchse, wäre der Mist nicht da. Nun, dein Mist, das sind deine eigenen Mängel, die du nicht beseitigen, nicht überwinden noch ablegen kannst, die trage mit Mühe und Fleiß auf den Acker des liebreichen Willens Gottes in rechter Gelassenheit deiner selbst.«

Der Mist aus dem Stall, der auf den Acker gebracht wird oder in den Garten, darauf wachsen die schönsten Blumen. Er ist damit ein guter Dünger. Man darf es nicht als allzu schnellen Trost verstehen, aber dennoch die Tiefe begreifen: Gott kennt keinen Ort, keinen Menschen, der seiner unwürdig wäre, kein Mensch muss sich deshalb mit seiner Geschichte, mit seinem Weg, mit seinem Leib so schämen, so angsterfüllt sein, dass er die Hoffnung auf Zukunft verliert. Wie wohltuend ist es oft, wenn Menschen ihre ganze Lebensgeschichte erzählen dürfen, ohne dass sie bewertet wird, ohne dass die »Moralkeule« herausgeholt wird. In biblischen Heilungsgeschichten wird an keiner Stelle erzählt, dass Jesus die Vergangenheit hervorkramt, jemanden danach fragt, was er getan hat und was nicht, sondern er begegnet den Menschen im Augenblick, nimmt sie so, wie sie gerade sind. Er fragt an mehreren Stellen in der Bibel:

»Was willst du, dass ich dir tun soll?«

Anders gesagt: »Was soll geschehen, wo sollen sich Perspektiven eröffnen? Was brauchst du, damit du gesund werden kannst, dass du dich annehmen kannst, so, wie dein Leben jetzt ist und wie du jetzt bist?«

Was daran auch deutlich wird: Man kann nicht alle Menschen über einen Kamm scheren. Deshalb fragt Jesus auch: »Was willst ***du***, dass ich dir tue?« Er kommt also nicht mit einem fertigen Konzept, sagt anderen nicht, was sie tun sollen. Oft genug sind wir heutige Menschen mit solchen schlauen Ratschlägen konfrontiert: »Essen Sie gesund, bewegen Sie sich viel, trinken Sie nicht zu viel Alkohol.« Man bekommt den Eindruck, dass jeder außer mir selbst weiß, was gut für mich ist. Jesus schaut dagegen den Menschen in die Augen und fragt sie selbst, was sie sich wünschen, was sie erhoffen, was sie selbst glauben zu brauchen.

Bei uns in der Abtei wird das manchmal so ausgedrückt: 90 Mönche, alle im schwarzen Gewand, aber oben schauen 90 verschiedene Köpfe heraus. Hier hat das Christentum eine tiefe Botschaft: Der Einzelne wird geachtet in seiner Einmaligkeit, als einmaliges Geschöpf Gottes und als einmaliger Wohnort Gottes, mit seinen unterschiedlichen Wünschen und Bedürfnissen. Benedikt schreibt es dem Abt eines Klosters in die Ordensregel: Was dem einen guttut, kann für den anderen schlecht sein. Der Abt hat die Aufgabe zu erkennen, was der Einzelne braucht, damit seine Seele und sein Leib ganz und heil werden können und damit er sein ganzes Potenzial entfalten kann – zum Wohl aller. Für Benedikt ist der

Abt ein Arzt und das Kloster ein Raum, in dem jeder sich entwickeln kann, jeder mit seinen Schwächen angenommen wird, jeder gesehen wird als »heiliger Ort Gottes«, jeder den anderen stärkt. Das Kloster ist in diesem Sinn ein geschützter Raum, der nicht eins zu eins in die »normale« Welt zu übertragen ist. Und dennoch ist es Aufgabe für und Einladung an jeden einzelnen Mönch, sich hier sich selbst zuzuwenden: dem eigenen Leib, dem eigenen Potenzial, den Begabungen. Ziel ist, zu wissen, wer ich wirklich bin, wo meine Grenzen sind, wo ich mich überfordere beziehungsweise überfordern lasse, wo ich umdenken muss. Und dann zu formulieren, was ich jetzt brauche und mir wünsche. Es ist aber auch eine Einladung, Freude am Leben, am Genießen und an sich selbst zu haben. Nicht Wenige kommen zu uns, um genau das zu erleben: zu sich zu finden, ihren Leib, ihre Seele, die eigene Geschichte anzunehmen und zu entdecken, was alles noch möglich ist und welches Potenzial noch ausgegraben werden kann.

Der Mensch als Mit-Schöpfer

Heute tragen wir eine besondere Verantwortung für die Schöpfung. Als Gott sie vollendet hatte – so die Bibel –, sah er, dass alles gut war. Die Schöpfung ist nicht zufällig da. Das Leben soll sich auf der Erde entfalten, der Mensch soll die Schöpfung bewahren und sich vermehren und an der Schöpfung Gottes und aneinander Freude haben. Alles, was auf der Erde lebt, ist durchdrungen von Gottes Lebenskraft und Lebensgeist. Sein Lebensatem atmet nicht nur im Leib des Menschen, sondern in allem, was lebendig ist. Immer wieder drängt alle Schöpfung zum Leben und zur Entfaltung.

Keiner hat das wohl eindrücklicher und glaubwürdiger ausgedrückt und beschrieben als der heilige Franziskus. Er sah die ganze

Schöpfung Gottes als Lobpreis Gottes. Ob es die Vögel mit ihrem Gesang sind, das Wasser mit seiner lebenspendenden Kraft, das Feuer mit seiner Wärme, die Erde mit ihrer Lebenskraft, die Sonne mit ihrem Licht, der Mond und die Sterne mit ihrer Klarheit in der Nacht – sie alle preisen und loben Gott. Franziskus nennt sie alle »Schwester« oder »Bruder«. Er fühlt sich ihnen allen tief verbunden, weil sie Geschöpfe und Schöpfungen Gottes sind – wie eben auch der Mensch.

In unserer heutigen Welt, in der alles möglich ist und der Mensch nicht mehr existenziell auf den Rhythmus der Natur angewiesen ist, weil er alles herbeischaffen oder künstlich erzeugen kann, muss diese Verbundenheit und Wertschätzung der Natur erst wieder neu erlernt werden. Wir tragen Verantwortung dafür, dass auch in Zukunft die Natur, die Schöpfung mit ihrer Kraft allem Leben dient, Nahrung gibt und Fortpflanzung ermöglicht.

Papst Franziskus hat in seinem viel beachteten Schreiben »Laudato si« diese Verantwortung des Menschen betont. Weil eben die Schöpfung nicht zufällig, weil sie Schöpfung Gottes ist, hat sie – wenn man so will – eine göttliche Würde, die unter allen Umständen bewahrt bleiben muss. Als Ort der Gegenwart Gottes, als Ort, in dem Gottes Geist wohnt und atmet, hat der Mensch Anteil an Gottes schöpferischem Geist. Der Geist, der in ihm wohnt, ist der gleiche, der alles ins Leben rief und zu Beginn der Schöpfung über dem Chaos schwebte und alles ordnete. Man kann hier vom Menschen als Mit-Schöpfer sprechen, als einem, der von Gott beauftragt ist, die göttliche Lebenskraft, die er in sich trägt, ja Gott selbst in dieser Schöpfung Gestalt zu geben. Durch ihn will Gott erfahrbar und spürbar werden als einer, der das Leben will und dem Leben dient. Diese schöpferische Kraft, die der Mensch in sich trägt, kann für den Menschen ein Findeort Gottes in ihm selbst sein.

Als Jesus die Jünger anhauchte und ihnen Gottes Geist einhauchte, da hatte er genau dies im Sinn: Sie zu erfüllen mit Gottes Lebensgeist, von dem er selbst durchdrungen war, damit sie in die Welt hinaus gehen und die göttliche Kraft in der Welt Gestalt werden lassen, damit sie seinen Auftrag weiterführen und das, was er »Reich Gottes« genannt hat, weiter aufbauen.

In die Hände eines jeden Menschen ist es also gelegt, an der Welt mitzugestalten; auch an einer gerechteren Welt und Gesellschaft. Keiner lebt für sich allein und ist allein auf dieser Erde. Jeder trägt Verantwortung für das Fortbestehen der Schöpfung und des Lebens auf der Erde und dafür, dass die Menschen gerecht und in Frieden zusammenleben. Gerade wenn jeder Mensch Abbild Gottes ist, dann hat der Einzelne Verantwortung für die anderen wie für sich selbst.

Ein altes christliches Gebet sagt:

»Christus hat keine Hände, nur unsere Hände, um seine Arbeit heute zu tun. Er hat keine Füße, nur unsere Füße, um Menschen auf seinen Weg zu führen. Christus hat keine Lippen, nur unsere Lippen, um Menschen von ihm zu erzählen. Er hat keine Hilfe, nur unsere Hilfe, um Menschen an seine Seite zu bringen.«

Darum geht es: Dass wir mit unseren Händen, mit unseren Füßen und Lippen, mit unseren Möglichkeiten in Gottes schöpferische Kraft eine gerechtere Welt aufbauen.

Der Dichter Angelus Silesius schreibt:

»Und wäre Christus tausendmal in Bethlehem geboren,
aber nicht in dir, du bliebest ewiglich verloren.«

Cherubinischer Wandersmann, I,61

Um diese Geburt geht es. Um die Frage, die schon Franziskus gestellt hat: »Was willst du, Gott, dass ich tue?« Wie kann Christus heute durch mich Mensch werden, sichtbar werden, in diese Welt hineingeboren werden? Es geht um eine schöpferische Grundhaltung. Um das Spüren und Erkennen, welch starke göttliche Kraft dem Menschen innewohnt und wie diese konkret in der Welt Gestalt gewinnt.

Gott finden im anderen

Bisher lag der Fokus meiner Überlegungen darauf, dass wir Gott in uns selbst finden können. Wenn er aber in jedem Menschen gegenwärtig ist, kann er auch im anderen gefunden, entdeckt, gesehen werden. Darum soll es im Folgenden gehen.

Die Begegnung mit dem anderen

Von Anfang an zeigt sich der Gott der Bibel als ein Gott des Dialogs, als einer, der den Kontakt zum Menschen sucht und mit ihm ins Gespräch kommt. Manchmal tut er das auf direktem Weg, manchmal sendet er einen Engel als seinen Boten, der dem Menschen eine Botschaft bringt. Was aber das wirklich Neue und vielleicht auch Revolutionäre des Neuen Testaments ausmacht, ist: Gott kommt selbst in der Gestalt eines Menschen, in Jesus auf die Erde, um ihnen so nah zu sein, wie nur irgendwie möglich. Er bringt ihnen dabei keine neuen Gebote mit oder eine neue Botschaft. Er zeigt uns Menschen in Jesus nur ganz konkret auf, was er mit seinen Worten gemeint hat, was es bedeutet, nach seinen Geboten zu leben.

Wenn es also darum geht, Gott im anderen zu finden, ist die »Schatzkarte«, die mich zu ihm führt, wohl am ehesten im Verhalten und den Worten Jesu zu finden. Als Mensch hat er wie jeder andere unter Menschen gelebt. Er hat geliebt, gelitten, gestritten, so wie wir alle es tun. Und doch hat er manches so anders getan, als die Menschen es damals gewohnt waren, und Dinge aus einem ganz anderen Blickwinkel betrachtet, dass er die, die ihn erfahren haben, nicht nur überraschte, sondern manchmal auch vor den Kopf stieß. Aber auch das bedeutet, Gott zu begegnen: dass es manchmal unbequem wird, in welcher Hinsicht auch immer, und dass es nicht darum geht, den Status quo zu zementieren, sondern die Welt zu verändern – hin zum Guten.

Im Folgenden möchte ich daher vor allem darauf schauen, wie Jesus in unserer Welt agiert hat und was das für uns heute bedeuten könnte, wenn wir Gott im anderen finden wollen. Doch zunächst zu einer der eindrücklichsten Stellen im Alten Testament, in der sich Gott auf den Dialog mit dem Menschen einlässt und sich bewegen lässt: die Verhandlung Abrahams mit Gott über Sodom und Gomorra. Wir kennen heute noch das Sprichwort, dass an einem Ort Zustände herrschen »wie in Sodom und Gomorra«. Diese Namen sind der Inbegriff für eine heruntergekommene Moral, für Unordnung und Chaos. Abraham fragt in seinem Dialog Gott, ob er diese Stadt auch dann vernichten werde, wenn sich nur 50 Gerechte in ihr finden. Gott antwortet, dass er dann die Stadt verschonen werde. Doch Abraham verhandelt weiter, und am Ende sind es noch 10 Gerechte, die sich finden müssen, damit die Stadt nicht vernichtet wird. Gott lässt hier sein Herz bewegen und zeigt sich im Letzten als der Barmherzige. Abraham wagt den Dialog, die Verhandlung. Das kann eine Ermutigung sein. Der Mensch darf in einen Dialog mit Gott treten; er darf ihn ansprechen, mit ihm kommunizieren. Alle 150 Psalmen des Alten Testamentes sind Gebete, in denen Gott angeklagt, gelobt, ihm gedankt wird – immer wissend um ihre Verwiesenheit auf ihn. Letztendlich ist Gott Herr über Leben und Tod. Aber er lässt sich ansprechen, im Dialog finden und spricht seinerseits die Menschen an.

Jesus greift das später auf und zeigt sich zutiefst als einer, der in den Dialog mit den Menschen tritt, der sie anspricht, mit ihnen diskutiert, Fragen beantwortet und Worte der Aufrichtung und des Heiles sagt. Wenn er mit seinen Freunden Mahl gefeiert hat, wenn er sich hat einladen lassen in den Dörfern, dann ist er in Beziehung getreten zu den Menschen, in Dialog und Kommunikation. Er hat den Menschen damit signalisiert: »Du bist mir wichtig« – und das ist der Beginn von Heilung. Ein Mensch kann dann heil und gesund werden, wenn er Vertrauen hat zu den Menschen und Ärzten, die ihn behandeln. Jesus hat immer im Dialog geheilt. Manchmal hat er Menschen zunächst gefragt, was er ihnen tun soll und dann erst mit entschiedenen Worten die Krankheit geheilt. Er ist auch in einen Dialog mit den kranken Kräften in den Menschen getreten, die im Weltbild der Bibel »Dämonen« genannt werden.

Häufig heilt er jedoch auch durch nonverbale Kommunikation: durch Berührung und Körperkontakt. Wir wissen heute, wie wichtig Körperkontakt für eine Heilung ist. Wenn Nähe, Verbundenheit, Liebe, Zuwendung nicht nur im Dialog mit Worten ausgedrückt werden, sondern auch durch den Körper. Der Körper kann nicht lügen. Die Körpersprache ist echter, unverstellter als manches Wort, als manche verbale Kommunikation.

Zu dieser nonverbalen Art von Kommunikation zählen auch sogenannte Zeichen oder Symbole, wie wir sie beispielsweise in der Eucharistie finden: Ein Mahl, in dem sinnenhaft und nonverbal Brot und Wein geteilt werden. Wenn Menschen sich in Jesu Namen versammeln und Mahl halten, so wie er es immer wieder getan hat, ist dies eine sinnliche Erfahrung, die übers Schmecken, Spüren, Riechen geht. Und auch hier geschieht Kommunikation unter den Teilnehmenden, indem sie Essen und Trinken teilen.

Ein Brot, heißt es, teilen Christen miteinander und aus dem gleichen Kelch trinken sie. Darin drücken sich aus, was ihr tiefster Glaube ist: das Teilen dessen, was Menschen zum Leben brauchen, ist Grund und Mitte ihres Glaubens. Das meint nicht nur Nahrung, sondern auch ein Wort des Trostes oder eine Berührung oder Umarmung. All das brauchen wir zum Leben und in all dem ist Gott gegenwärtig, ist er mitten unter uns.

Keine Erzählung in der Heiligen Schrift der Christen bringt das so deutlich zum Ausdruck wie die sogenannte Emmauserzählung. Nach dem gewaltsamen Tod Jesu sind zwei seiner Jünger auf dem Weg nach Emmaus. Sie sind traurig, deprimiert und niedergeschlagen. Auf Jesus hatten sie ihre ganze Hoffnung gesetzt. Er sprach so liebevoll und nah von Gott, so ganz als die Schriftgelehrten und Gesetzeslehrer. Mitten auf ihrem Weg kommt Jesus hinzu, ohne dass sie ihn erkennen. Er erklärt ihnen, warum er sterben musste, warum all die Dinge geschehen sind, die sie erlebt haben in Jerusalem. Als sie in das nächste Dorf kommen, bitten die beiden Jünger ihn, bei ihnen zu bleiben. Als er mit ihnen dann bei Tisch sitzt, das Brot nimmt, das Gebet spricht und das Brot teilt, wie er es so oft gemacht hat, da erkennen sie ihn und wissen nun, dass er lebt.

So typisch, so unverwechselbar ist dieses Teilen des Brotes – das kann nur er sein. Es ist die Erfahrung: In der Mitte von zweien ist er gegenwärtig, ereignet sich Begegnung mit dem Göttlichen. Dort, wo Menschen Leben miteinander teilen. Wie auch immer die

Ostererzählungen es berichten: Es geht um die Erfahrung, dass mitten unter den Menschen eine Kraft, eine Liebe, eine Stärkung erfahrbar ist, die göttlich zu nennen ist; eine, die Angstvolle aufbrechen lässt, Kranke heilt und die Menschen ihr Leben einsetzen lässt, um seine Botschaft zu verkünden – bis heute.

Im verbalen und nonverbalen Dialog wird Gott erfahrbar im anderen – ein Dialog, der wärmt, stärkt, heilt, aufbaut – und nicht richtet und urteilt.

Die christliche Theologie kennt die Lehre von der Trinität – der Dreifaltigkeit Gottes. Diese geht von drei göttlichen Personen aus: Vater, Sohn und Heiliger Geist. Im Detail ist sie kompliziert zu erklären. Was sie eigentlich meint, ist: Gott ist Beziehung. In diese Einheit von gelingender göttlicher Kommunikation ist der Mensch hineingenommen. Von Jesus heißt es: Er sprach wie einer mit göttlicher Vollmacht. So dürfen Menschen sein, die sich mit Gott und der göttlichen Kraft verbunden fühlen, dass der andere spürt: Hier kommt Gott mir entgegen.

Den anderen lieben

Eine der zentralen Aussagen Jesu im Neuen Testament ist wohl seine Antwort, als er nach dem wichtigsten Gebot gefragt wird. Im Matthäusevangelium wird Folgendes erzählt:

»Als die Pharisäer hörten, dass Jesus die Sadduzäer zum Schweigen gebracht hatte, kamen sie (bei ihm) zusammen. Einer von ihnen, ein Gesetzeslehrer, wollte ihn auf die Probe stellen und fragte ihn: Meister, welches Gebot im Gesetz ist das wichtigste? Er antwortete ihm: Du sollst den Herrn, deinen Gott, lieben mit ganzem Herzen, mit ganzer Seele und mit all deinen Gedanken. Das ist das wichtigste

und erste Gebot. Ebenso wichtig ist das zweite: Du sollst deinen Nächsten lieben wie dich selbst. An diesen beiden Geboten hängt das ganze Gesetz samt den Propheten.«

Matthäus 22,34-39

Jesus nennt hier das Gebot der Gottes- und der Nächstenliebe in einem Atemzug. Beide sind in sich verbunden. Gott hat den Menschen geschaffen. Er ist sein Ebenbild und sein Wohnort. Wer Gott verehrt, ihn als den Schöpfer menschlichen Lebens anerkennt, der muss genauso seine Geschöpfe achten und respektieren. Und in ihnen Gott erkennen. Deshalb stellt Jesus beide Gebote auf eine Stufe.

Dann aber bezieht sich dieses Liebesgebot nicht nur auf Gott und auf mich, und auch nicht nur auf den einen geliebten Menschen, der mein Lebensgefährte, meine Lebensgefährtin ist, sondern auf alle Menschen. Eigentlich finde ich es schwierig, Menschen per »Gebot« eine Liebe zu verordnen, zumindest eine emotionale. Klar ist: Wir können nicht jeden sympathisch finden, geschweige denn ihm emotional zugeneigt sein. Was wir aber können, ist: den anderen anzuerkennen als Gottes Geschöpf, das genau wie ich auch Lebensrecht auf diesem Planeten hat und dessen Leben bedingungslos zu schützen ist – wie es auch im deutschen Grundgesetz verankert ist.

Jesus bringt das in der Erzählung vom barmherzigen Samariter sehr deutlich zum Ausdruck. Diese Geschichte ist sehr bekannt, und deshalb wird die Provokation, die darin steckt, oft überhört – vielleicht auch deshalb, weil den Zuhörern Jesu der Hintergrund und die gesellschaftlichen Zusammenhänge viel klarer und deutlicher waren als den heutigen Menschen. In dieser Erzählung wird ein Mann auf Geschäftsreise überfallen, niedergeschlagen und liegen gelassen. Nacheinander kommen drei Männer an ihm vorbei. Die ersten beiden – ein Priester und ein Levit – haben beziehungsweise nehmen sich keine Zeit, um zu helfen. Der Dritte – ein Samariter – hilft ihm, bringt ihn in ein Gasthaus, gibt dem Wirt Geld für die Pflege und sagt ihm zu, er werde ihm auf der Rückreise das Geld zurückzahlen, das er darüber hinaus für den Verletzten ausgegeben hat. Die Provokation dieser Geschichte lässt sich in zwei Punkten deutlich machen:

Sowohl der Priester als auch der Levit mussten wissen, was zu tun ist. Als jüdische Gelehrte kannten sie das Gesetz und das Gebot der Nächstenliebe. Vielleicht dachten sie – so könnte man spekulieren –, der am Boden Liegende sei gar nicht ihr Nächster, weil er nicht zum eigenen Stamm gehörte. In dieser Weise wurde das Wort »Nächster« damals verstanden: Es galt nur für die, die sozusagen »sind wie ich«. Der Samariter dagegen war in den Augen der Juden ein Ungläubiger, ein Heide. Der aber tut einfach, was das Gebot fordert: Er hilft – ohne Rücksicht auf Ansehen, Religion oder Nation des Hilfsbedürftigen.

Jesus kritisiert hier deutlich die jüdischen Schriftgelehrten und stellt ihnen zudem einen Ungläubigen als den wahren Gläubigen vor Augen, der das Gebot, auf dessen Einhaltung die Schriftgelehrten so großen Wert legten, wirklich verstanden hat und danach handelt.

Der zweite Punkt: Am Ende dieser Erzählung sagt Jesus zu dem, der ihm die Frage nach dem wichtigsten Gesetz gestellt hat:

»Was meinst du: Wer von diesen dreien hat sich als der Nächste dessen erwiesen, der von den Räubern überfallen wurde?«

Lukas 10,36

Der Gesetzeslehrer antwortet:

»Der, der barmherzig an ihm gehandelt hat.«

Lukas 10,37

Der Akzent liegt also nicht mehr auf der Frage: »Wer ist denn mein Nächster?« Da kann man sich unter Umständen herauswinden und nur den Familienangehörigen zum Nächsten erklären. Die Frage ist jetzt vielmehr: »Wie werde ich denn dem anderen zum Nächsten?« Spätestens wenn ich erkenne, dass ein anderer hilfsbedürftig ist und ich bereit bin, ihm zu helfen, erkenne ich im anderen meinen Nächsten beziehungsweise wird der andere zu meinem Nächsten. Und diesem ist unbedingt zu helfen. Darin wird noch etwas anderes deutlich: Im psychologischen Sinn ist der andere immer auch der Spiegel meines Selbst beziehungsweise mein Verhalten dem anderen gegenüber sagt genauso etwas über mein Verhalten mir selbst gegenüber aus. Wenn also jemand dem anderen Hilfe verweigert, wie sieht es mit meiner eigenen Hilfsbedürftigkeit aus? Nehme ich die Hilfe an, die ich selbst brauche? Kümmere ich mich darum, dass ich selbst Hilfe erhalte?

Es geht um eine solidarische Grundhaltung – anderen und mir selbst gegenüber. Genau das steckt darin, wenn Jesus sagt:

»Ebenso wichtig ist das zweite (Gebot): Liebe deinen nächsten wie dich selbst.«

Matthäus 22,39

Ich darf mir selbst gegenüber solidarisch sein. Auch das ist ein Lernprozess: Wenn ich mit mir selbst solidarisch bin, kann ich es auch mit anderen sein. Wenn ich um meine eigene Hilfsbedürftigkeit weiß, kann ich mich auch dem anderen in seiner Hilfsbedürftigkeit zuwenden. Wir alleine können nicht alles richten und erreichen. Nicht jeder hat alle Begabungen und Fähigkeiten, und wenn er an seine Grenzen stößt, braucht er die Hilfe des anderen. Aus der frühen Kirche gibt es einen Satz, den ich für wertvoll halte: »***Ein*** Christ ist ***kein*** Christ.« Das soll den Einzelnen nicht abwerten, macht aber deutlich, dass man Christ immer nur zu zweit und mehr sein kann. Jesus sagt:

»Wo zwei oder drei in meinem Namen versammelt sind, bin ich mitten unter ihnen.«

Matthäus 18,20

Als er die Jünger aussendet, schickt er sie immer zu zweit in die Welt. Menschen können sich gegenseitig stärken, aufrichten, ermutigen und ergänzen.

Es gibt aber auch Menschen, denen es sehr schwerfällt, Hilfe anzunehmen und sich die eigenen Schwächen einzugestehen. Sie haben schnell das Gefühl, versagt zu haben oder nichts wert zu sein oder den gleichen Fehler immer wieder zu machen. Manchmal spürt daher ein Mensch auch erst seine Grenzen, seine eigene Bedürftigkeit, sein Angewiesensein auf Hilfe und Stärkung durch andere, wenn der Körper streikt und die Notbremse zieht, indem er zusammenbricht oder völlig erschöpft. Dann wird klar: Beim besten Willen geht es so nicht mehr weiter. Lange Zeit war das in der Kirche gang und gäbe, dass man Menschen Lasten auflegte, von ihnen verlangte, dass sie sich moralisch immer mehr zu vervollkommnen haben, rein und untadelig leben sollten. Wenn man so will, wurde gepredigt, dass wir Menschen uns abmühen müssen, die Leiter emporzusteigen, indem wir asketische Höchstleistungen vollbringen. Für Gott gilt aber vielmehr, dass er uns auf diesem Weg entgegenkommt, uns in unserer Hilfsbedürftigkeit und Schwachheit, in unseren Grenzen und Schwächen annimmt, wie wir sind.

Das wird vielleicht am deutlichsten in den Worten Jesu. Auch er spricht von den Lasten, die die Gesetzeslehrer den Menschen auflegen, die sie selbst aber nicht tragen können. Er sagt es vielleicht etwas deutlicher, nämlich dass sie Wasser predigen und selbst Wein trinken. Jesus sagt an anderer Stelle, dass die Gesetzeslehrer am Sabbat zwar ihre Esel oder Ochsen losbinden und zur Tränke führen, es aber verboten sei, am Sabbat zu heilen (vgl. Lukas 13,15). Er lässt sich dadurch aber nicht davon abhalten, selbst am Sabbat immer wieder zu heilen. Die Gesetzeslehrer sehen das als klaren Verstoß gegen das Gebot der Sabbatruhe. Jesus begegnet diesem Vorwurf mit einem deutlichen Wort:

»Der Sabbat ist für den Menschen da, und nicht der Mensch für den Sabbat.«

Markus 2,27

Für ihn ist die Heilung eines Menschen Gottesdienst und Heiligung des Sabbats, denn Gott geht es nicht darum, dass Menschen ihm Opfer bringen und Gebote um ihrer selbst willen einhalten, sondern er will ihre Heilung, er möchte, dass sie gesund werden an Leib und Seele.

Schon im Alten Testament gibt es fantastische, tief berührende Bilder, die die Zuwendung Gottes deutlich machen und von seinem bedingungslosen Entgegenkommen und Aufrichten sprechen. An diesen »Verhaltensweisen«, daran, wie Gott sich gegenüber den Menschen verhält, wird für uns auch heute sichtbar, wie wir sozusagen »gottgemäß« miteinander umgehen können, wie wir die

Liebe, die Gott gegenüber seinen Geschöpfen empfindet und zeigt, auch im Umgang mit anderen deutlich werden lassen können.

Im Buch des Propheten Jesaja heißt es beispielsweise über den Boten Gottes, den er in die Welt senden will:

»Das geknickte Rohr bricht er nicht ab.«

Jesaja 42,3

Was hier deutlich wird, ist: Gott will heilen, aufrichten, dem Menschen entgegeneilen. Ein Mensch, der am Boden liegt, dessen Schicksal ihn arg zugesetzt hat, einer, der der Verzweiflung nahe ist, der sich über sich selbst grämt, einer, der in sich geknickt ist, den will Gott aufrichten, ihm neue Hoffnung schenken. Das sollte auch christliche Grundhaltung sein: Dem, der am Boden liegt, aufhelfen; den, der geknickt ist, aufrichten, der ohne Hoffnung ist, ermutigen und stärken.

Ein anderes Beispiel: Der Prophet Ezechiel muss flüchten, weil sich sein Gott als der Stärkere gegenüber den Baals-Göttern gezeigt hat und er nun verfolgt wird. Als seine Kräfte zu Ende gehen, setzt er sich unter einen Ginsterstrauch, versinkt in Depression und will nur noch sterben. Er schläft ein und als er aufwacht, steht neben ihm frisch gebackenes Brot und Wasser. Und ein Engel ist da und sagt zu ihm:

»Steh auf und iss; sonst ist der Weg zu weit für dich.«

1 Könige 19,5

Gott macht ihm in der Gestalt des Engels keine Vorwürfe und hält ihm auch keine moralische Rede, dass er sich nicht so anstellen und weitergehen soll. Er sieht, dass Elija eine Stärkung braucht und gibt ihm zu essen und zu trinken. Jeder, der schon einmal eine lange Wanderung gemacht hat, in den Bergen unterwegs war, weiß, wie erfrischend ein Schluck klares Wasser sein kann, vielleicht sogar aus einer Quelle. Und wie erfrischend, belebend der Duft und Geschmack frisch gebackenen Brotes ist. Es weckt die Lebensgeister und stärkt den Menschen. Gott hilft auf und schaut auf das, was wir Menschen brauchen, um unseren Weg weitergehen zu können.

Und noch ein weiteres Beispiel: Der Prophet Jona wird von Gott beauftragt, der Stadt Ninive das Gericht Gottes anzukündigen, wenn sie sich nicht bekehrt. Als Jona den Auftrag annimmt, bekehrt sich schließlich die Stadt. Jona ist sauer und beleidigt, weil Gott die Menschen verschont hat und mit ihnen barmherzig war. Am Ende sitzt er unter einem Ginsterstrauch, auch erschöpft und depressiv. Gott hat den Ginsterstrauch wachsen lassen, damit er Jona in der Sonne Schatten spendet. Am nächsten Tag aber ist der Strauch verdorrt. Darüber beschwert sich Jona bei Gott. Gott antwortet ihm, er könne das nicht verstehen: Jona ist es leid um den Strauch, aber ihm solle es nicht leid sein um die Bewohner Ninives und außerdem so viel Vieh? Nicht nur, dass Gott barmherzig mit den Menschen ist – er sorgt sich auch um die Tiere. Auch diese haben eine Würde, haben als Geschöpfe Rechte, und Menschen ihnen gegenüber Pflichten. Gott geht es nie um das Gericht. Und es ist auch nie sein innerstes Anliegen, Menschen zu bestrafen. Er ist barmherzig! Seine Kategorien, zu handeln und zu denken, mit den Menschen umzugehen, sind andere als die Jonas. Gott geht es um Aufrichtung und Ermutigung.

In dieser Art und Weise sollen und dürfen Menschen einander begegnen. Der andere soll aufgerichtet werden, ermutigt, gestärkt werden. Benedikt schreibt in seiner Regel über den Cellerar des Klosters, dass dieser, wenn er einem Mitbruder die Entsprechung einer Bitte verweigern muss, wenn dieser sich beispielsweise gerne etwas kaufen oder anschaffen möchte, ihm dies zunächst verständlich erklärt und ihm wenigstens ein gutes Wort mit auf den Weg gibt. Das soll aber kein billiger Trost sein. Wie wichtig ist so ein gutes Wort! Ob es ein freundliches Guten Morgen ist, ein unerwarteter Anruf, ein kurzer Gruß eines mir lieben Menschen – jeder weiß, wie gut so ein Wort tut.

Ähnlich ist es mit dem echten, tiefen Trost. Es muss nicht immer eine große Geste oder viele Worte sein. Das kann auch nur meine Anwesenheit bei einem Menschen sein, der Trost braucht, damit er spürt: Jetzt bin ich nicht alleine. In Begleitungen komme ich manchmal darauf zu sprechen und frage nach, ob es einen besten Freund gibt, der Tag und Nacht angerufen werden kann. Wie wertvoll ist das, wenn ich weiß, es gibt da einen, der geht durch dick und dünn mit mir. Und egal, was geschieht: Wenn ich ihn rufe und brauche, ist er da. Als Notfallseelsorger erlebe ich das immer wieder: Immer sind die Menschen dankbar für mein Da-Sein. In den ersten Minuten und Stunden nach einem unerwarteten Ereignis – meistens ist es der plötzliche Tod eines lieben Menschen durch Unfall, Infarkt oder Suizid – fühlen sich Angehörige und Freunde haltlos. Sie sind dankbar, dass jemand da ist, ihnen zur Seite steht und ihnen das Gefühl gibt: Ich bin jetzt nicht allein. Für mich als Seelsorger ist es immer auch die Zusage: Gott lässt euch nicht allein. Er trägt dieses Leid jetzt mit. Er hält das aus. Diese Hilfe gilt dann auch für alle Menschen, ich frage nicht, welcher Religion, Konfession, Nation jemand angehört. Zudem haben wir Kontakte zu Seelsorgern anderer Religionen und Gemeinschaften, die wir informieren können.

Auch hier gilt: Egal, ob mir ein in Not geratener Mensch sympathisch ist oder nicht, er ist Ebenbild Gottes, hat eine unverbrüchliche Würde. In ihm fragt Gott mich um meine Hilfe an. Und in der

Hilfe, die ich ihm gewähre, darf der andere Gottes Zuwendung erfahren. Gott hat in dieser Welt keine anderen Hände und Arme, die helfen können, als die seiner Menschen.

Gemeinschaft als Kirche

Kirche als die Verkünderin Gottes, in seinen Diensten stehend, müsste der erste Ort sein, an dem Menschen Gott erfahren, ihm begegnen, in der Begegnung miteinander Gott erkennen. Heute habe ich allerdings oft den Eindruck, dass es in der katholischen Kirche (ich kann nur für diese sprechen) um Selbstverwaltung geht, um Erhalten des Status Quo. Und bei ihren Amtsträgern ist eher ein klerikaler Narzissmus zu beobachten. Nicht umsonst heißt es von der Kirche, dass sie eine »Ecclesia semper reformanda« ist: eine Kirche, die sich immer wieder reformieren, erneuern muss. Im wahrsten Sinn des Wortes muss sie immer wieder zu ihren Anfängen zurückgehen, zu ihrer ursprünglichen Form. Sie ist gerufen, sich auf das zu besinnen, was sie eigentlich ist und was sie spürbar sein soll: Ort der Gegenwart Gottes. Der aus dem Griechischen stammende Begriff für Kirche, Ekklesia, meint nichts anderes als die Gemeinschaft derer, die sich versammeln, um und in Gott. Ausgehend vom Begriff des Volkes Gottes im Alten Testament, das Gott gehört und mit dem er auf dem Weg ist, hat sich nach und nach das neue Volk Gottes entwickelt. Jesus wollte das Volk Gottes, zu dem er selbst als Jude gehörte, erneuern, aber nicht eine neue Kirche gründen. Von Anfang an war für die Jesus-Anhänger, die dann bald »Christen« genannt wurden, das Mahl die zentrale Feier. Die Christen versammelten sich zunächst in kleinen Gruppen in ihren Häusern und mit ihren Familien und taten, was Jesus getan hat: Sie hielten Mahl, brachen das Brot, tranken den Wein.

Für Jesus war es geradezu ein »Markenzeichen«, dass er Brot und Wein teilte mit den Menschen, wie wir oben bereits an der Emmausgeschichte gesehen haben. Und gerade mit denen tat er es, die ausgestoßen waren, die nicht würdig waren in den Augen der Gesetzeslehrer, die von Gott angeblich verstoßen waren. Das war das Provozierende an ihm: Er wagte es, von Gott zu sprechen; er wagte es, in seinem Namen aufzutreten und in seiner Vollmacht zu handeln – all das war für Juden ein Tabu. Dass Gott Mensch wurde und sich in einem Menschen zeigte, als Mensch den Menschen fand, ihm sich mitteilte und ihm bedingungslose Solidarität schenkte, war damals unvorstellbar.

Hinzu kommt die Selbstmitteilung in einem Mahl, das heißt, das Wort Jesu, sich selbst anderen zu essen geben:

»Dies ist mein Leib. Nehmet und esset alle davon.«

Lukas 22,19

Im Aramäischen, der Sprache Jesu, bezeichnet das Wort »Leib« den ganzen Menschen, also den Körper mit seinem Fühlen, Denken, Handeln. Demnach schenkte Jesus den Menschen im Mahl seine Liebe, seine Barmherzigkeit, Nähe und Solidarität. Er macht damit deutlich: Wie der Mensch das Brot braucht als Nahrung, so braucht er dieses Mahl, diese göttliche Selbstmitteilung als Nahrung für die Seele und als Stärkung auf seinem Weg. Das Mahl ist Ausdruck der innigen Verbundenheit mit Jesus, mit Gott – auch wenn er nach seinem Tod und seiner Himmelfahrt nicht mehr sichtbar und leibhaftig unter den Menschen war. Es ist die Erfahrung von Emmaus, die nicht in exakte Worte zu fassen ist: Da ist ein Dritter unterwegs mit den Menschen. Wenn sie sich an Jesus erinnern, von seinen Taten erzählen und was er gesagt hat, dann ist er präsent und anwesend. Das war und ist Stärkung. Daraus wuchs dann auch eine Solidarität im Alltag, die Verpflichtung, Jesus nachzufolgen und die Gemeinschaft, die man beim Mahl erfahren hat, miteinander zu leben. Die Menschen, die von einem Laib Brot aßen, fühlten sich verbunden, fühlten sich als ein Leib oder, wie es in der Apostelgeschichte heißt:

»Sie waren ein Herz und eine Seele.«

Apostelgeschichte 4,32

Diese Verbundenheit fühlten die ersten Christen aber nicht nur untereinander, sondern auch mit allen anderen Menschen.

Jesus hatte das Liebesgebot ausgeweitet – und seinen Anhängern auch die Feindesliebe aufgetragen. Er hatte ihnen mitgegeben, dass sie alles, was sie einem anderen tun, auch und gerade einem Notleidenden, ihm tun, und so deutlich gemacht: Im anderen begegne ich euch. Was für eine radikale Solidarität! Und was für ein anderes Gottesbild als das der Juden in der damaligen Zeit, die Gott hoch im Himmel thronend sahen, für Menschen unerreichbar, dessen Namen sie nicht einmal aussprechen dürfen. Jesus dagegen sagt: Gott leuchtet in jedem Menschen auf. In jedem Menschen scheint das Antlitz Gottes auf. Der andere ist Menschenbruder, Menschenschwester. Das ist die frohe Botschaft!

Dieser Gott lässt sich nicht festlegen oder begrenzen. Er macht nicht Halt an Kirchengrenzen. In einem Kanon heißt es: »Jeder Teil dieser Erde ist Gottes Volk heilig.« An jedem Ort, in jedem Menschen, in jedem Strauch atmet Gott. Gottes Geist weht, wo er will. Ich bin überzeugt, dass die Kirche, die sich Kirche und Volk Gottes nennt, einladend sein muss, sich bewusst sein muss: In jedem, in jeder ist Gott gegenwärtig. Ich kann es aber auch anders formulieren: Kirche ist nicht nur explizit die Gemeinschaft von Menschen, die an Gott glauben, die an Jesus als Gottes Sohn glauben. Kirche ereignet sich vielmehr dort, wo Menschen sich versammeln, wo sie sich als Gottsuchende begegnen, als Sehnsüchtige, als Fragende, wo Menschen Gott nicht exakt definieren können, aber an das glauben, was allen Religionen gemeinsam ist: die Liebe.

Überall, wo Menschen Gott und seiner Liebe auf der Spur sind, ist Kirche. Und entscheidend bleibt, wenn auch die Meinungen in Einzelfragen auseinandergehen, dass die Grundbotschaft Gottes ist: Er ist präsent, er trägt, er geht mit, er stärkt, er ermutigt. Und: Wer ihn finden will, muss den Menschen finden.

Wer Gott finden will, muss den Menschen suchen

Ich erinnere mich an eine Wallfahrt, die ich begleitet habe. Ich war mit Schülern und Eltern auf dem Jakobsweg unterwegs. In dem Kloster, in dem wir übernachteten, wurde ich gefragt, ob ich die Abendmesse übernehmen könne. Dazu gehörte dann auch eine Ansprache. Da ich nicht viel Zeit hatte, mich vorzubereiten, war das Gesagte spontan. Und währenddessen formulierte sich in mir dann folgender Satz: »Der Gott in mir begegnet dem Gott im anderen«. In der Bibel gibt es eine tiefe Erzählung, die genau das formuliert. Maria besucht, als sie mit Jesus schwanger ist, ihre Cousine Elisabeth. Sie ist schwanger mit Johannes dem Täufer, dem Vorläufer Jesu. Später wird er Jesus als den Erlöser und Messias ankündigen.

Weil Elisabeth schon kurz vor der Geburt steht, während Maria noch am Anfang ihrer Schwangerschaft ist, möchte Maria ihrer Cousine beistehen und helfen. Elisabeth sagt zu Maria:

»Als ich deinen Gruß hörte, da hüpfte das Kind in meinem Leib.«

Lukas 1,44

Ein Ausdruck der Freude. Als ob Johannes im Mutterleib gespürt hätte, wer da zu Elisabeth und zu ihm kommt. Wenn ich beide Kinder als göttliche Kinder sehe, begegnet Gott in Maria dem Gott in Elisabeth. Es gibt die Redewendung: »mit etwas schwanger gehen«. Wenn man so möchte, gehen alle Menschen mit Gott schwanger, weil er in ihnen ist, weil sie Gottes Ebenbild sind, weil sie einen göttlichen Auftrag haben: Gott in sich zu entdecken, ihn zur Welt bringen, Gott sichtbar zu machen in dieser Welt – für die Menschen.

In unserem Recollectio-Haus, in dem wir unter anderem Langzeitkurse für Menschen mit kirchlichem Beruf anbieten, die in einer Krise sind oder eine Auszeit brauchen, hat jeder Gast eine therapeutische und eine geistliche Begleitung. Zu Beginn eines Kurses gibt es öfter die berechtigte Frage, worin sich geistliche und therapeutische Begleitung unterscheiden. In Gesprächen arbeite ich zunächst mit dem, was der Gast einbringt. Dann kann ein Gespräch auch schon mal einen eher therapeutischen Charakter bekommen. Und genauso kann ein therapeutisches Gespräch geistliche Elemente beinhalten. Alle Gäste haben einen spirituell-christlichen Hintergrund, arbeiten in und für die Kirche und daher spielt Gott in ihrem Leben eine große Rolle. Explizit »geistlich« wird ein Gespräch, wenn ich die Perspektive Gottes mit einbringe. Wenn ich frage, wo sich in dem laufenden Prozess Gott zeigt, wo er ihn wahrnimmt und spürt, wo und wie er zu ihm findet, ihn in sich findet. Wo Gott ihm Kraft gibt, auch für schwierige Prozesse, und er Impulse bekommt, kraftvoll die anstehenden Entscheidungen zu treffen, oder erfährt, dass Gott immer mitgeht und da ist und sein Ja zu ihm nie zurücknimmt. Meine Aufgabe als geistlicher Begleiter ist aber auch, für den anderen zur Hebamme zu werden: zum Helfer, um zu einer bisher ungeahnten Dimension seines Weges, seines Seins vorzudringen oder Gott wieder neu ins Bewusstsein zu heben, ihn neu und anders zu entdecken. Doch wie im richtigen Leben, muss eine Hebamme sehr vorsichtig sein, das »Kind« mit Achtsamkeit für den Gebärenden auf die Welt bringen.

Ich erinnere mich an christliche Freizeiten, an denen ich in meiner Jugend teilgenommen habe. Jeden Abend gab es ein Glaubensthema, das behandelt, besprochen wurde. Wir hatten viel Freizeit, unternahmen aber auch einige gemeinsame Ausflüge. Doch nach und nach verstand ich, dass diese Freizeiten so konzipiert waren, dass man sich am Ende zu Jesus Christus bekehren sollte. Es gab dann immer einen Abend, an dem in aller Ausführlichkeit und Dramatik der Tod Jesu und sein Leiden für den Menschen dargestellt wurde. Das Ziel war, dem Einzelnen seine Sündhaftigkeit deutlich zu machen, ihm die Notwendigkeit seiner Erlösung vor Augen zu führen und ihn zu überzeugen, sich hier und jetzt zu bekehren und Jesus Christus als Erlöser anzunehmen Das Ganze geschah nicht, ohne dass darauf verwiesen wurde, dass man ansonsten verloren und der Hölle verfallen sei. Hier wurde Druck aufgebaut.

Gottes Eigenschaft ist es aber, mit den Menschen zu gehen, in ihnen zu sein und sich ihnen immer so zu zeigen, dass sie ihn und seinen Auftrag erkennen und verstehen können. Ihm geht es nicht darum, ihnen Angst vor der Hölle einzujagen, sondern sie entdecken zu lassen, dass er sie liebt, begleitet und ein tragender Grund für ihr Leben sein kann. Er geht dem Menschen nach und findet ihn, spricht ihn an. Dabei kann er durchaus hartnäckig sein und sich immer wieder bemerkbar machen, bis der Mensch seine Anwesenheit in ihm und seinem Leben entdeckt und auf diese antwortet. So erging es dem jungen Samuel laut einer Geschichte im Alten Testament. Seine Mutter Hanna hatte ihn aus Dankbarkeit Gott geweiht und in den Tempel gebracht, damit er dort Dienst tue. Nachts auf seinem Lager hört er eine Stimme, die ihn ruft. Er geht zum Priester Eli, unter dessen Aufsicht er stand. Doch er sagt ihm, dass er ihn nicht gerufen habe. Drei Mal geschieht dies. Dann erst erkennt auch Eli, dass Gott Samuel gerufen hat und sagt zu ihm, beim nächsten Mal solle er antworten: »Rede, Herr, dein Diener hört.« Samuel tat, wie ihm geheißen, und Gott berief ihn zum Propheten. Hier hat Gott sich hartnäckig bemerkbar gemacht, ist Samuel nachgegangen, bis dieser mit der Hilfe Elis verstanden hatte, wer ihn zu welchem Dienst ruft (1 Samuel 3,1–21).

Eine solche Art, den Glauben zu vermitteln, wie ich es in meiner Jugend erfuhr, hat für mich nichts damit zu tun, Hebamme zu sein oder Gott im anderen zu sehen. Das hatte eher etwas mit Täuschung zu tun: Man wollte mich mit Unternehmungen und Freizeit gefügig und aufnahmefähig machen. Und vielleicht wollte man mir sogar ein schlechtes Gewissen vermitteln, weil ich undankbar erschienen wäre, wenn ich die Freizeitvergnügen genossen hätte, aber dann die »Belehrung« ablehnte. Diese Art der Glaubensvermittlung schien mir eher ein fremdes Kind – die Idee eine Frömmigkeit, die nicht meine war – unterschieben und es zu meinem machen zu wollen.

Für einen anderen Menschen Hebamme zu sein heißt aber, mich auf seinen Weg einzulassen, auf seine Gangart und sein Tempo. Es ist ein Unterschied, ob ich im anderen Gott wahrnehme und der andere auch darum weiß, oder ob er das eben noch nicht weiß oder gerade erst beginnt, es zu entdecken. Und es geht darum, sein »Kind« auf die Welt zu bringen, das, was in ihm werden und deutlich werden will, nicht das, was ich mir vorstelle oder vermitteln möchte.

Ob ich Atheisten begegne, einem tiefgläubigen Menschen, Suchenden, Fragenden oder Zweifelnden: alle sind Ort der Gegenwart Gottes, sind Ebenbilder Gottes oder, nochmal anders gesagt: Der andere ist brennender Dornbusch. Am brennenden Dornbusch nennt Gott Moses seinen Namen: Jahwe –»Ich bin da«. Dieses »Ich bin da« sagt Gott jedem zu. Gerade dort, wo ein anderer Mensch für etwas Feuer und Flamme ist, wo er sich begeistert, seine Leidenschaft hineingibt, zeigt sich dieser Gott und seine Leidenschaft für das Leben, zeigt sich, drückt sich aus, was schon längst im Menschen ist.

Eine solche Sicht könnte leicht als Vereinnahmung des anderen verstanden werden. Wie kann ich ihm eine »Qualität« zusprechen, die er vielleicht gar nicht haben will, zu der er nicht um seine Zustimmung gefragt wird, sondern die einfach als Seinszustand vorausgesetzt wird?

Natürlich ist es eine Frage des Glaubens und der je eigenen Welt-und Glaubenssicht. In Taufgesprächen höre ich manchmal die Ansicht, dass durch die Taufe ein Mensch zu einem Kind Gottes wird, dass Gott diesen kleinen Menschen als sein Kind annehmen würde. In der Taufe wird er bewusst in die Gemeinschaft der Glaubenden aufgenommen. Aber ein Kind Gottes ist es seit seiner Geburt, mehr noch: seit Gott begonnen hat, diesen Menschen zu denken, an ihn gedacht hat. Vereinnahmend wäre diese Sicht, wenn sie den Menschen festlegen würde, wenn sie ihn nicht freiließe, wenn er Gefangener wäre in einem System von Moral, Dogmen, Regeln. Wenn er gezwungen werden würde, an Gott zu glauben und die Glaubensregeln zu befolgen.

Gott dagegen ist ein Gott der Freiheit. Bis heute sind in der katholischen Kirche die sogenannten Sakramente wie zum Beispiel die Hochzeit ungültig, wenn sie unter Zwang empfangen werden.

Der Mensch muss sich frei entscheiden dürfen. Nach wie vor ist in der (katholischen) Kirche das Gewissen höchstes Gut und letztentscheidende Instanz.

Wenn ich den anderen als Ort der Gegenwart Gottes sehe, wenn ich in seinem Gesicht ein einmaliges Gesicht Gottes erkenne, dann spreche ich ihm darin eine Würde und ein Gerufensein in Freiheit zu. Er soll in Freiheit sein Leben gestalten, Ja oder Nein sagen, seine Begabungen und Fähigkeiten einsetzen oder nicht.

In der Begleitung kann ich ihm dann diese Sicht als einen Weg anbieten. Und mein Gegenüber kann sich aufmachen, ihn selbst zu entdecken. Das kann entlasten, weil er spürt, dass er seinen Weg gehen darf, in seinem Tempo, mit seinem Fühlen und Denken. Und es kann auch deshalb entlasten, weil der Ausgang dieser Unternehmung offen ist, weil ich ihm nicht vorschreibe, was am Ende dabei herauskommen soll, weil ich ihm nicht vorschreibe, dass er Gott finden muss.

Manchmal denke ich: Was wäre es für eine Befreiung, wenn die Kirche endlich anfangen würde, den Menschen dabei zu helfen, frei und kraftvoll zu werden. Jede und jeder ein einzigartiges Geschöpf und Ebenbild Gottes, das in der Kraft Gottes seinen und ihren Weg geht. Ich habe eher das Gefühl, dass man noch immer darum bemüht ist, niemandem zu viel Raum zu geben, nicht zu viel Selbstsicherheit, zu viel Kraft, er könnte ja auf die Idee kommen, dass er wichtig ist – zu wichtig, wichtiger als andere. Gerade im hierarchischen Denken der Kirche spielt das eine nicht zu unterschätzende Rolle.

Und auf andere Weise begegnet mir das in unseren Ordensgemeinschaften, gerade beim Singen und Beten. Da sitzen zwanzig, dreißig Menschen zusammen, die sich dazu entschlossen haben, ihr ganzes Leben Gott und seiner frohen Botschaft zu widmen, und wenn sie ihn dann loben, klingt es wie ein Mäusechor. Und ich denke: Wo ist euer Lob? Wo ist eure Kraft, Gott zu danken? Wenn Gott das Fundament eures Lebens ist, wo ist dann das kräftige Lob, der kräftige Dank, die Freude, die zum Himmel steigt?

Ein Mitbruder sprach in der Einleitung zum täglichen Gottesdienst über die Gottesaussage: »Ich bin da«. Er führte aus, dass wir genau das drei Mal in der Messe bestätigen: zu Beginn, zum Evangelium, zum Segen. Jedes Mal sagt der Priester an dieser Stelle zu den Menschen: »Der Herr sei mit euch« (eigentlich müsste es »Der Herr ***ist*** mit euch« heißen – auch hier sehe ich eine Zögerlichkeit der Kirche. Es könnte vielleicht ja doch jemanden geben, mit dem Gott nicht ist). Und die Menschen antworten mit: »Und mit deinem Geiste«. Was eigentlich meint: »Ja, so ist es, und der Herr sei (ist) auch mit dir.« Dann erst eröffnete der Mitbruder den Gottesdienst mit diesem Satz. Der Konvent antwortete recht zögerlich und der Mitbruder sagte: »Das war ein wenig schwach – noch einmal!«, und wiederholte den Gruß. Dieses Mal kam die Antwort kräftiger. Der kraftvolle, lebendige Gott will sich kraftvoll und lebendig ausdrücken – sodass der andere auch merkt und spürt: Hier ist Gott gegenwärtig.

Manchmal begegne ich Menschen, die Angst haben, dass ihnen, wenn sie in ihre eigene göttliche Kraft finden, wenn sie das Feuer und die Leidenschaft Gottes in sich entdecken und zulassen, wenn sie in ihre Kraft und Aufrichtung kommen, das als Egoismus, Individualismus oder allzu große Selbstdarstellung ausgelegt wird. Sie haben ein Bild gespeichert, dass der Christ vor allem zu dienen habe und nicht zu sehr auf sich schauen soll. Doch wir dürfen als Menschen auf uns schauen und wahrnehmen, dass Gott da ist; dass Gott brennende Leidenschaft in uns ist. Und dass er genau das auch im anderen ist.

Ein Text von Marianne Williamson, den Nelson Mandela in seiner Antrittsrede als Präsident zitierte, bringt das gut zum Ausdruck. Sie meint: »Unsere tiefste Angst ist nicht, unzulänglich zu sein. Unsere tiefste Angst ist, unermesslich mächtig zu sein.« Weiter sagt sie, dass es unser Licht sei, das wir fürchten, nicht unsere Dunkelheit. Das finde ich einen spannenden Gedanken: Wir haben gar keine Angst davor, zu klein zu wirken auf andere. Wir haben eher Angst davor, unsere wirkliche Größe zu zeigen, uns selbst zuzugestehen, dass wir talentiert sind, brillant in manchen Dingen, dass wir wirklich etwas können, ein Licht in uns haben, das die Welt ein Stück weit erhellt.

Sie fährt fort: »Du bist ein Kind Gottes. Es ist der Welt nicht gedient, wenn du dich kleinmachst. Sich kleinzumachen, nur damit sich andere um dich herum nicht unsicher fühlen, hat nichts mit Erleuchtung zu tun.« Sein Licht unter den Scheffel zu stellen ist also keine Tugend, wie das in der christlichen Tradition häufig genug vermittelt wurde, sondern eher ein Vergehen an der Welt und den Mitmenschen, weil ihnen damit nicht geholfen ist.

»Wir wurden geboren, um die Herrlichkeit Gottes zu verwirklichen, der in uns ist«, meint sie. Und »er ist nicht nur in einigen von uns«, sondern »in jedem Einzelnen«.

Gerade wenn wir uns selbst erlauben, unser Licht zu zeigen, uns der Welt zu zeigen in unserer Größe, dann »geben wir damit unbewusst anderen die Erlaubnis, das auch zu tun«. Wenn wir uns also von unserer Angst befreien, unsere Macht, unsere Größe zu zeigen und zu leben, dann »befreit unsere Gegenwart automatisch die anderen«.

Dieser Text ermutigt uns, uns unsere eigene Größe zuzutrauen, weil Gott in uns leuchtet. Jesus betont:

»Ihr seid das Licht der Welt!«

Matthäus 5,14

Das ist eine ***Zusage***, nicht die Aufforderung: »Werdet es; bemüht euch trotz eurer Schwachheit, es zu sein.« Der Mensch ist Ort der Gegenwart Gottes! Er ist Licht der Welt! Die Frage ist vielmehr, ob wir Menschen diese Größe annehmen können und wie wir uns selbst sehen. Es ist nicht in Gottes Interesse, dass wir klein von uns denken. Gott selbst denkt groß von uns und will mit uns Großes erreichen. Diese Sicht kann uns auch befreien: Wenn wir uns dieses Geschenks bewusst werden, können wir auch dem anderen seine Größe zugestehen. Wir können ihm seine Größe lassen, ohne uns selbst kleinmachen zu müssen. Gottes Größe im Menschen geht nie zu Lasten des anderen. Keiner hat bei ihm mehr oder weniger Ansehen. Keiner steht bei ihm besser da als der andere. In und durch jeden Menschen will Gott in dieser Welt aufleuchten.

Immer wieder begegne ich in Gesprächen Menschen, die sich mit anderen vergleichen und sich klein vorkommen, weil jene mehr Talente haben, beliebter sind, mehr gesehen und wahrgenommen werden. Wir müssen uns nicht vergleichen, sondern dürfen uns aneinander freuen und daran, dass Gott uns befähigt hat, sein Licht durch uns in dieser Welt leuchten zu lassen. Wir selbst dürfen uns dies erlauben und uns entscheiden zu dieser Größe. Dann können auch die anderen in unserer Gegenwart den Mut finden, diese Entscheidung zu treffen.

Was ihr einem meiner geringsten Brüder getan habt, habt ihr mir getan

Als 2013 Papst Franziskus gewählt wurde, begann er seine erste Ansprache auf dem Balkon des Petersdomes damit, dass er erzählte, die Kardinäle hätten ihn vom anderen Ende der Welt geholt. Ob er in diesem Moment gedacht hat, dass er vom Rand der Welt kommt, ist nicht überliefert. Aber schon bald nach seiner Wahl machte er das »Rand-Thema« zu seinem Hauptthema. Er sprach von der Kirche als einem »Feldlazarett«, dessen Auftrag es sei, Wunden zu verbinden und zu heilen. Er sprach davon, dass die Hirten der Herde Gottes – im Bild – den Geruch der Schafe annehmen müssten und es ihm lieber sei, dass die Kirche eine verbeulte Kirche sei als eine Gemeinschaft von Heiligen. In all diesen Bildern drückte er aus, dass Kirche für ihn dann eine wirkliche ist, wenn sie zu den Menschen geht, die am Rand leben, die in der Leistungsgesellschaft mit ihrem Hang zum Perfektionismus keinen Platz haben, zu denen, die keine Stimme haben und deshalb leicht übersehen und verdrängt werden.

Was gab es für ein Aufsehen, fast schon einen Skandal, als Papst Franziskus am Gründonnerstag 2014 ein Gefängnis besuchte und die an diesem Tag übliche Fußwaschung an Frauen und Männern im Gefängnis vornahm – dazu noch an solchen, die nicht nur christlichen, sondern auch muslimischen Glaubens waren.

Die Fußwaschung ist von jeher ein tiefes Zeichen. Zur Zeit Jesu vielleicht noch mehr als heute. Damals ging man meist barfuß, vielleicht noch in Sandalen und hatte daher vom Sand und Staub der Straße meist schmutzige Füße. Sie zu waschen heißt dann einerseits, den Schmutz abzuwaschen, aber auch, den Menschen an seiner tiefsten Stelle zu berühren, dort, wo man sonst nicht so gerne hinschaut, gerade auch bei sich selbst. Bei der Fußwaschung wird jedoch aller Schmutz und Dreck – durchaus auch seelisch zu verstehen – abgewaschen. Jesus hat immer wieder anderen die Füße gewaschen. Er nimmt damit den Menschen in seinem tiefsten Wesen, mit seinen »schmutzigen« und »unreinen« Seiten an, erweist ihm den Dienst der Waschung, der Zuneigung und Liebe.

Was für ein Zeichen, dass der Papst dies nun also wieder auf seine Weise aufnahm. Bis dahin war es üblich, dass er diesen Gottesdienst im Petersdom feiert und dabei Priestern die Füße wusch. Jetzt aber geht er ins Gefängnis statt in den Petersdom, wäscht Gefangenen statt Priestern die Füße. Damit hat er deutlich gemacht, wie er die Nachfolge Jesu versteht: zu den »wirklichen« Menschen am Rand zu gehen und ihnen – unabhängig davon, was sie getan oder nicht getan haben – ihre Würde wiederzugeben. Kirche in der Nachfolge Jesu gehört aus der Sicht des Papstes deshalb zu den Menschen, die am Rand leben – und nicht in den Petersdom.

Schaut man ins Neue Testament, steht der Papst an dieser Stelle in der radikalen Nachfolge Jesu. Denn er hat als Erster die »Ränder« überschritten und »roten Linien« überschritten, ist in »No-Go-Areas« vorgedrungen. Er wollte den Menschen zeigen, dass sie, egal, an welche Ränder ihr Leben sie führt und zu welchen Grenzerfahrungen, solidarisch von Gott begleitet sind. Menschen, die zuvor durch die Gesellschaft als von Gott verurteilt und geächtet gebrandmarkt wurden und deshalb in den Augen der Menschen krank geworden waren, werden bei Jesus zu seinen Freunden und von ihm bevorzugten Menschen, die bei Gott an erster Stelle stehen. Die sogenannte Gerichtsrede Jesu (Matthäus 25,31–46) macht dies sehr deutlich. Mit Gericht verbinden viele Menschen Urteil, Verurteilung. Eigentlich aber meint es ein »Gerechtmachen«, ein »Aufgerichtet-Werden«. Der Mensch wird wieder in die richtige Ordnung gestellt, die Welt bekommt ihre richtige Ordnung zurück. Wenn Jesus ankündigt, dass beim Gericht die Guten von den Schlechten getrennt werden, dann meint er: Hier geht es darum, dass die Sicht Gottes, die gute, gerechte Sicht stärker sein wird. All die, die ungerecht behandelt wurden, bekommen jetzt ihr Recht. Und alle die, die unrecht gehandelt haben, werden in die richtige Ordnung gebracht, erkennen ihr Unrecht. Jesus nennt in dieser Rede Menschen, die auch heute wieder oder noch immer zu den Randgruppen zählen, zu den Rand-Menschen und Rand-Existenzen:

»Ich war hungrig und ihr habt mir zu essen gegeben; ich war durstig und ihr habt mir zu trinken gegeben; ich war fremd und obdachlos und ihr habt mich aufgenommen; ich war nackt und ihr habt mir Kleidung gegeben; ich war krank und ihr habt mich besucht; ich war im Gefängnis und ihr seid zu mir gekommen.«

Matthäus 25,35-36

Aus dieser Rede Jesu sind im Laufe der Zeit die sogenannten Werke der Barmherzigkeit entstanden. Barmherzigkeit ist das Wort, dass das Handeln Jesu und damit das Handeln Gottes ganz wesentlich beschreibt. Das hebräische Wort für Barmherzigkeit lautet »Rachamim« und ist verwandt mit dem Wort für »Gebärmutter«. Demnach bezeichnet Barmherzigkeit die Eigenschaften einer Mutter, die sie dem Kind in ihrem Leib zukommen lässt: Wärme, Geborgenheit, Schutz, Fürsorge. Barmherzigkeit meint dann die unbedingte Zuwendung und Fürsorge Gottes für den Menschen. Ich habe es sehr schätzen gelernt in meiner Abtei, dass in unserer Seelsorge, sei es im Gästehaus im Einzelgespräch oder Kurs, sei es in der Jugendarbeit oder im Recollectio-Haus, der Mensch nie beurteilt wird. Dem Menschen, der als Gast zu uns kommt, gilt die unbedingte Zuwendung und Fürsorge. Seine Lebensgeschichte ist, wie sie ist. Mit ihr ist er angenommen und erfährt menschliche, wärmende Zuwendung. Die Zielrichtung unserer Seelsorge ist: Wie kann es gelingen, dass die Menschen, die zu uns kommen, (wieder) in ein Leben finden, das sie ausfüllt und erfüllt, das sie zufrieden macht, das sie den tiefsten tragenden Grund ihres Lebens (wieder-)entdecken lässt, wo und wie er sich ihnen auch immer zeigt.

Das ist die Erfahrung seit der Bibel: Gott zeigt sich, Gott findet den Menschen, egal ob dieser ein Mörder ist oder ein Heiliger. Und gerade in den Menschen zeigt er sich, wartet er auf barmherzige Zuwendung, die Hilfe brauchen: Hungrige, Durstige, Fremde, Nackte, Kranke, Gefangene.
Am Ende seiner Rede sagt Jesus:

»Was ihr dem Geringsten meiner Brüder getan habt, das habt ihr mir getan.«

Matthäus 25,40

Im Folgenden möchte ich diese Gruppen von Menschen und die Werke der Barmherzigkeit genauer betrachten und jeweils immer auch den Bezug zum je eigenen Leben herstellen. Denn die barmherzige Zuwendung zum anderen beginnt immer bei mir selbst. Wer sich selbst gegenüber nicht barmherzig sein kann, wer sich nicht sich selbst liebend zuwenden kann, wird es schwerlich auch anderen gegenüber tun können.

»Ich war hungrig und ihr habt mir zu essen gegeben«

Weltweit leidet jeder neunte Mensch Hunger; in Deutschland sind immer mehr Menschen, insbesondere Kinder und Jugendliche, von

Armut bedroht. Erschreckt hat mich, als ich mir vor Augen führte, wie schnell ein bisher in seiner Existenz gesicherter Mensch durch Scheidung, Arbeitsplatzverlust und so weiter auf der Straße landen kann und sein tägliches Brot erbetteln muss. Hunger ist wohl eines der größten Probleme der Menschheit. Die Erde hat genug Ressourcen, um alle zu ernähren. Das Problem ist aber die Verteilung der Güter. Während in Deutschland die Supermärkte überborden, bekommen Menschen in Tanzania wenn es gut geht eine warme Mahlzeit am Tag, die zudem immer aus den gleichen Zutaten besteht: ein Maisbrei mit etwas Gemüse. Welch ein Unrecht!

Der Auftrag Jesu, Hungernde zu speisen und damit auch Gott einen Dienst zu erweisen, bedeutet nicht, dass der einzelne Mensch das Ernährungsproblem dieser Welt lösen muss. Der Einzelne ist immer aufgerufen, das in seinen Kräften Stehende zu tun. Bezogen auf die Frage des Hungers kann das heißen: Ich frage mich, wie viel ich esse, was ich esse, ob ich mich gesund ernähre und meinem Körper das gebe, was er braucht – nicht mehr, aber auch nicht weniger. Aber auch: Welche Lebensmittelkonzerne und -politik unterstütze ich mit meinen Einkäufen und was kann ich abgeben – sei es in Form von einer Geldspende oder tatsächlich in Form von Lebensmitteln, die an Bedürftige, an die Tafel weitergegeben werden? Kürzlich las ich im Internet, dass eine Amerikanerin ihre Hochzeit abgesagt hatte, und weil es zu spät war, das bestellte Essen zu stornieren, hat sie in Absprache mit ihrem Ex-Bräutigam Obdachlose in das schicke Restaurant eingeladen und sie das Hochzeitsessen genießen lassen.

Hunger ist natürlich auch eine Frage, die sich auf der seelischen Ebene stellt. Wonach hungern wir heute? Was braucht unsere Seele? Wenn ich wahrnehme, wie viele zu uns in die Abtei als Gäste kommen, ist der Hunger in der Seele der Menschen groß. Letztlich auch der Hunger nach einem geistlichen Gespräch, in dem sie sich aussprechen können und von dem sie sich Orientierung erhoffen. Auch wenn Kirche immer mehr aus der Gesellschaft zu verschwinden scheint, bedeutet das nicht, dass die Menschen heute kein spirituelles Bedürfnis mehr haben. Ganz im Gegenteil! Vielleicht zeigt sich darin eher, dass viele Menschen der offiziellen Kirche nicht mehr die Antworten auf die Fragen zutrauen, die sie beschäftigen, weil sie Kirche häufig als lebensfremd erfahren. Ich glaube, dass Menschen den Klöstern anders vertrauen, sie als »Anders-Orte« wahrnehmen. Vielleicht auch deshalb, weil sie den Eindruck haben, dass die Ordensmänner und -frauen authentischer das leben, wofür sie stehen. Oder weil sie hier kommen und gehen dürfen, wie sie sind, ohne dass jemand einen moralischen Anspruch an sie erhebt.

Und für mein eigenes Leben kann ich fragen: Wo bin ich selbst jemand, der am Rand steht? Wo lasse ich mich selbst am Rand stehen, wo nehme ich meine eigenen Bedürftigkeiten nicht wahr, wo stelle ich mich immer wieder selbst zurück gegenüber den Bedürfnissen anderer, wo sehe ich mich selbst nicht? Und in diesem Fall: Wovon nähre ich mich? Welche Nahrung braucht meine Seele? Wie kann ich mich mir selbst zuwenden und mich nähren? Wie viel Liebe und Zuwendung schenke ich mir selbst?

In unserem Recollectio-Haus sehen wir es als eine Aufgabe, den Gästen zu helfen, eine gesunde Selbstfürsorge in den Blick zu nehmen. Das meint: Ich erkenne meine eigenen Bedürftigkeiten und schaue auf Möglichkeiten, für diese selbst Verantwortung zu übernehmen. Die Verantwortung darf nicht immer nur an andere delegiert werden. Gerade für Menschen, die eine ehelose Lebensform gewählt haben in der Kirche, ist dies eine große Herausforderung. Was hält die eigene Seele lebendig und den Körper gesund? Wie belebe ich mich und entdecke neu die Lust am Leben? Solche Fragen dürfen zudem nicht zu schnell spiritualisiert oder zu »fromm« beantwortet werden. Wenn Gott den Menschen geschaffen hat, dann will er, dass er lebendig ist, dass er Lust hat am Leben und dann ist alles, was dem Menschen Lust macht an seinem Leben, was ihm Freude bereitet, ein zutiefst geistliches und frommes Geschehen. Was macht die eigene Seele satt – das ist die Frage, die jede und jeder für sich selbst beantworten muss.

»Ich war durstig und ihr habt mir zu trinken gegeben«

Forscher sagen voraus, dass die nächsten Kämpfe und Kriege um Wasser stattfinden werden. Wenn Wasserressourcen weniger werden, die Trockenheiten länger anhalten, wird jeder darum kämpfen, dass er genügend zu trinken hat. Vielleicht wird dieser Durst dann auch wieder Flüchtlingsströme auslösen, weil sich Menschen auf den Weg in wasserreiche Regionen und Länder machen. Ich habe den Eindruck, dass die Welt auch dieses Thema eher an den Rand drängt. Wenn ich lese, dass Amerika ein Kriegsschiff für 13 Milliarden Dollar baut und Deutschland beabsichtigt, die eigenen Rüstungsausgaben in den nächsten Jahren zu erhöhen, dann frage ich mich, ob diese hohen Summen beziehungsweise ein Teil davon nicht in Lösungen dieses Problems investiert werden können.

Für uns Menschen in einem Land, in dem es (noch) genügend Wasser gibt und es selbstverständlich aus dem Wasserhahn läuft, wenn ich ihn aufdrehe, liegt die Verantwortung im je eigenen verantwortungsvollen Umgang mit der Ressource Wasser.

Aber es gilt auch hier wieder die Frage: Wonach dürstet der Einzelne? Weiß ich um die Not, das Leid, den Durst meines Nachbarn? Wonach dürstet der Mensch seelisch? Wie kann ich ihm helfen? Was sind die klaren Quellen, aus denen er sein Leben speist, aus denen er fruchtbar wird, sein Lebensfluss wieder in Gang kommt und sein inneres Land getränkt, bewässert wird, sodass er aufblühen kann? Wie kann Gottes Lebensstrom in ihm wieder spürbar werden?

Das gilt auch für mein eigenes Leben. Die gleichen Fragen kann ich mir selbst stellen. Ich erinnere mich an ein Lied, das zu meiner Zeit in der kirchlichen Jugendarbeit aktuell war und das auch heute ab und zu noch bei unseren Jugendkursen gesungen wird. Der Refrain lautet: »Ich habe Durst, ich habe noch Träume, will nicht so schnell zufrieden sein.« Ich glaube, dass es ein großes Geschenk ist, wenn ein Mensch mit sich und seinem Leben zufrieden ist und sein kann. Gleichzeitig finde ich es wichtig, dass daraus keine alltägliche Routine, eine routinierte Abwicklung des Alltages wird. Es ist wichtig, sich den Durst aufs Leben zu bewahren, auf Lebendigkeit, Wachstum der eigenen Persönlichkeit. Mich erschreckt es manchmal, wenn ich ältere Menschen erlebe und ich den Eindruck habe, das Wichtigste für sie ist: Der Alltag läuft, es geht alles seinen gewohnten Gang. Auch wir als Benediktiner leben in Münsterschwarzach stark von einem immer gleichen Rhythmus des Tages, von immer gleichen Abläufen und Gebeten. Diese Routine hat ihren Sinn in ihrer Stabilität und Verlässlichkeit, die sie gibt. Das Entscheidende aber bleibt die innere Sehnsucht, der innere Durst nach Leben und nach Gott, mir immer wieder die Frage zu stellen: Wovon träume ich, wovon träumt Gott in mir?

»Ich war fremd und obdachlos und ihr habt mich aufgenommen«

Das »Fremd-Sein« ist die Urerfahrung des Volkes Israel. Mehrere hundert Jahre lang lebte es in der Fremde in Ägypten. Hier zeigt sich auch ihr Gott zum ersten Mal als der befreiende Gott, der sie nach Hause bringt, auch wenn sie dafür 40 Jahre durch die Wüste gehen müssen. Das heutige christliche Bild ihres Gottes, der mit den Menschen auf dem Weg und unterwegs ist, gründet in dieser Zeit der Wüstenwanderung. Das Volk Israel weiß, was es heißt, irgendwo fremd zu sein. Und jeder, der seinen Urlaub im Ausland verbringt oder an einen anderen Ort kommt, weiß, wie gut es tut, wenn er als Fremder freundlich, herzlich empfangen wird und eine Unterkunft findet. Bei Ferienreisen wird in der Regel alles im Voraus gebucht, auch die Unterkunft. Aber gerade die Pilger buchen nichts im Voraus, sie suchen an dem Ort, an dem sie am Abend ankommen, eine Unterkunft. Und freuen sich, wenn sie spüren, dass sie willkommen sind.

Gleiches gilt noch viel existenzieller für die Obdachlosen. Wie mag es ihrem Leib, ihrer Seele guttun, wenn sie in den Städten in die entsprechenden Unterkünfte gehen können, wenn sich Ärzte unentgeltlich zur Verfügung stellen, um sie zu versorgen, wenn sie – die Fremden mitten unter uns – Zuwendung und Wertschätzung erfahren. Auch ich frage mich: Wie kann ich ihnen helfen? Es gibt eine Erzählung von Rainer Maria Rilke. Er geht zu seinen Studienzeiten mit einem Freund durch Paris, jeden Tag den gleichen Weg. Eines Tages schenkt Rilke einem Obdachlosen, der jeden Tag an der gleichen Stelle bettelt, eine Rose. Daraufhin ist er eine Woche lang nicht an seinem Platz. Als er am Tag drauf wieder dort sitzt, fragt der Freund Rilke, wovon denn der Obdachlose die ganze Zeit gelebt habe. Rilke antwortet: »Von der Rose.« Was nichts anderes meint, als dass der Obdachlose von der Zuwendung gelebt und sich genährt hat, die mit der Geste der Rose verbunden war, dem Gefühl, gesehen zu werden, und zwar nicht nur in seinen unmittelbar körperlichen Bedürfnissen, sondern gerade auch in den seelischen. Hier wurde ein Mensch, der ja auch emotional ohne Obdach war, emotional versorgt.

Wenn ich bewusst einen Obdachlosen wahrnehme, kaufe ich manchmal etwas zu essen und bringe es ihm. Daraus entsteht immer wieder einmal ein gutes Gespräch. Das ist vielleicht nur ein Tropfen auf dem heißen Stein. Aber der Mensch, der am Boden und ohne Ort ist, an dem er zu Hause sein kann, erfährt einige Augenblicke lang emotionale und leibliche Nahrung. Jeder braucht diese Art von Zuwendung und darin leibliche und emotionale Beheimatung. Aber auch hier gilt: Ich kann das mir Mögliche tun in meinem Umfeld. Ich kann aber nicht alle Obdachlosen dieser Welt versorgen und retten. Jesus ist immer einzelnen Menschen begegnet und hat ihn konkret gefragt, was er ihm tun solle. Dem Einzelnen, dem er gerade begegnet ist, hat er sich zugewandt und geholfen. Er hat nie in allgemeinen Formulierungen gesprochen oder Handlungsanweisungen gegeben im Sinne von: »Man« sollte doch endlich einmal etwas tun. Diese Haltung Jesu entlastet. Ich kann und muss nicht allen Hilfsbedürftigen dieser Welt zu Hilfe eilen, aber dem einen, der mir auf meiner Straße, auf dem Weg, den ich gehe, bei der Arbeit oder wo auch immer begegnet.

Für mich selbst kann die Frage sein: Wo bin ich obdachlos? Welche Teile in mir brauchen Obdach, Zuwendung, Aufmerksamkeit? Welche Teile meiner Person verdränge ich, will ich nicht sehen? Wie und wo erfahre ich Heimat, emotionale Wärme? Wie erfahre ich Zuwendung? Kann ich mich mir selbst zuwenden und mir Gutes tun?

Kein Thema hat wohl die Welt so sehr bewegt wie die Flüchtlingskrise im Herbst 2015. Und kein Thema wohl die deutsche Gesellschaft so gespalten. Unvergessen ist der Satz der Bundeskanzlerin: »Wir schaffen das!«. Damals entstand auch die Rede von der »Wilkommenskultur«. Und während die einen mit allen Kräften gegen die Flüchtlinge demonstrieren beziehungsweise eine Begrenzung der Flüchtlingszahlen forderten, machten sich andere ans Werk. Eine beispiellose Welle von Solidarität wurde sichtbar und spürbar. Im Umkreis der Abtei waren viele bereit, mit materiellen Spenden zu helfen. Groß war aber auch das Engagement dabei, Sprachunterricht zu geben, bei Behördengängen und der Suche nach eigenen Wohnungen zu helfen, Ausbildungsmöglichkeiten und dauerhaften Jobs zu vermitteln. Mittlerweile ist das Thema aus der aktuellen Tagesdebatte verschwunden, was aber nicht heißt, dass es keine Flüchtlinge mehr gibt. Seitdem die Balkanroute geschlossen wurde und Deutschland sein Abkommen mit der Türkei getroffen hat, sind die Flüchtlingszahlen zurückgegangen. Aber es kommen immer noch viele Menschen.

Natürlich ist die Frage: Wie viel Hilfe und Solidarität ist möglich? Aber ich glaube, dass mehr möglich ist, als manche denken. Wir haben es 2015 erlebt. Ich war bewegt, wie unbürokratisch und schnell wir uns in der Abtei entschließen konnten zu helfen und wie selbstverständlich es für uns war, Menschen aufzunehmen, ohne darauf zu schauen, welcher Nation, welcher Religion, welcher Kultur sie angehören. Jesus selbst beziehungsweise Maria und Josef haben es genau anders erfahren. Josef hatte sich mit der schwangeren Maria auf den Weg gemacht – aus seinem Dorf Nazaret nach Betlehem, weil eine Volkszählung durchgeführt wurde und jeder sich in seiner Heimatstadt eintragen lassen musste. Der biblischen Erzählung nach stammte Josef aus Betlehem und zog deshalb dorthin. Mit seiner Verlobten Maria fand er aber keine Aufnahme und musste schließlich in den Stall ausweichen. Dort brachte Maria dann ihren Sohn zur Welt. Sie erlebte hautnah, wie es ist, wenn man unterwegs ist, abgelehnt wird und keine Aufnahme findet. Maria und Josef machen deutlich: In den Augen eines Menschen, der auf der Flucht ist und einen sicheren Ort sucht, um bleiben zu können oder zumindest auszuruhen, bitten Gottes Augen um

Aufnahme, Hilfe, Obdach. Um Wärme für den Leib und die Seele. Für meine Mitbrüder, die sich in der Abtei um die Flüchtlinge kümmern, ist es tiefe Erfüllung, wenn sie den Dank dieser Menschen spüren: in einem Blick, einem Wort, einer Geste. Ich vergesse nie die Bilder der Flüchtlinge, die wir in der Abtei aufgenommen haben, als sie ankamen. Viele hatten oft nichts anderes bei sich als eine Plastiktüte, in der ihre wenigen Habseligkeiten waren. Manchmal hatten sie auch nur die Kleidung bei sich, die sie an ihrem Körper trugen. Sonst nichts. Wie viel hat es ihnen bedeutet, als sie nach wochen- und monatelanger Flucht, nach Gefängnis, Unsicherheit, Angst um das eigene Leben endlich einen sicheren Ort fanden, ein Bett, frische Kleidung und Nahrung.

Warum aber löst das Thema der Flüchtlinge in uns auch Angst und so viel Abwehr aus? Warum gibt es in Teilen der Bevölkerung diese Angst vor Überfremdung, die Angst, dass Europa sehr bald schon islamisch sein könnte? Ich glaube, dass es hier verschiedene Gründe gibt. Noch bis in meine Jugendzeit hinein war das Leben zumindest auf dem Land stark von der Kirche geprägt. Man ging in den Gottesdienst, wurde Messdiener, feierte an hohen Feiertagen in Prozessionen, Wallfahrten, die von Blasmusik begleitet wurden und bei denen alle aus tiefster Herzensüberzeugung heraus mitsangen, den eigenen Glauben, in dem man gerne unter sich blieb. Im Studium erlebte ich dann bereits eine sehr kritische Haltung gegenüber Kirche. Reformen wurden innerkirchlich eingefordert und das, was heute Individualismus genannt wird, entwickelte sich. Die Globalisierung öffnete die Gesellschaft, öffnete festgefahrene Strukturen und weitete den Blick. Reisen, das Entdecken anderer Kulturen wurde möglich. Und damit gerieten auch die eigenen Überzeugungen ins Wanken, weil es nicht mehr die einzigen waren, die man kannte. Und weil man Menschen kennenlernte, die an etwas anderes, einen anderen Gott glaubten und auch liebenswerte Menschen waren, die respektvoll mit anderen umgingen. Das hatte man sich zuvor vielleicht gar nicht vorstellen können.

Grundsätzlich stellt das Fremde, mit dem wir konfrontiert werden, immer zunächst das Eigene infrage. Und anders als im Urlaub, in dem andere, fremde Kulturen als Horizonterweiterung wahrgenommen werden, nimmt man die fremde Kultur plötzlich als Bedrohung wahr, wenn sie im eigenen Land gelebt wird. Im Urlaub ist es eine Momentaufnahme und der Urlauber kehrt in seine eigene Kultur zurück. Zu Hause kann er den fremden Menschen jedoch nicht mehr ausweichen. Er trifft sie auf der Straße, beim Einkauf, auf den Plätzen des Dorfes und der Stadt. Er muss sich eine Meinung bilden, sich damit auseinandersetzen, Stellung beziehen. Menschen, die aus einer anderen Kultur kommen, einer anderen Religion angehören, andere Sitten haben, fragen eben an, ob der eigene Glaube noch stimmt, ob er »richtig« ist. Viele haben ihn einfach von ihren Eltern übernommen, weil sie ihn vorgelebt haben und er immer als der einzig richtige und wahre verkündet wurde.

Nicht zuletzt konfrontiert der Kontakt mit dem Fremden uns Menschen daher mit all dem, was uns fremd ist – wo wir uns selbst auch fremd sind. Manchmal sagen Menschen, dass sie sich selbst nicht mehr erkannt haben in einer bestimmten Situation und wie sie sich dann verhalten haben. Oder andere sagen einem: »So kenne ich dich gar nicht. Was ist denn mit dir los?« Welche Seiten sind uns also selbst fremd? Oder unangenehm?

Ich möchte noch einmal von meiner Zeit in Tansania sprechen. Ich habe dort zum ersten Mal empfunden, wie anders, wie fremd meine eigene Sozialisation verlaufen ist. Es gab kaum Teerstraßen, die Menschen liefen barfuß, selten sah ich jemanden in Sandalen. Viele Menschen lebten in Lehmhäusern oder Behausungen aus Wellblech oder Ähnlichem. Frauen trugen schwere Lasten, hatten einen völlig anderen Stand als in unserer europäischen Gesellschaft. Zudem wurde ich immer wieder mit wirklich ursprünglichen Kräften konfrontiert: Das Aufblühen der Natur in Sekundenschnelle nach Regenfällen, wilde Tiere, die ich in der Natur beobachten konnte, wie ich sie hier nur aus dem Zoo kannte. Ich erlebte archaische Riten, zum Beispiel eine Gruppe junger Männer, die sich vor einem Fußballspiel stundenlang in Trance trommelten, oder Frauen, die vor dem Haus, in dem jemand gestorben war, das Trauermahl zubereiteten und dabei stundenlang Trauer- und Klagegelieder sangen. Es war, als würde ich durch all das mit den archaischen, ursprünglichen, vielleicht »wild« anmutenden ursprünglichen Kräften und Riten in Bewegung kommen, die auch in mir, unter meiner »westlichen Fassade« lauern.

Hinzu kommt, dass die Menschen, die heute aus dem arabischen Raum zu uns kommen, zumeist in einer patriarchalen Kultur groß geworden sind, das heißt, einer Gesellschaft mit einer männlichen Dominanz und einer – zumindest aus westlicher Sicht – Unterdrückung der Frau.

Wir stehen dem in unserer Gesellschaft meist ablehnend gegenüber, haben das Gefühl, »schon weiter« zu sein: weiter entwickelt, höher entwickelt, weiser, vielleicht so etwas wie bessere Menschen. Aber auch bei uns ist das Thema Gleichberechtigung nicht zu Ende diskutiert. Wie integriert der heutige Mann seine Männlichkeit, seine männliche Kraft? Wo und wie leben Frauen heute ihre Weiblichkeit?

Ich erlebe immer wieder Männer, die zwar in ihrem Job gut und erfolgreich sind, sich aber unheimlich schwertun, sich in einer Partnerschaft klar zu positionieren, in Beziehung zu gehen, sich auseinanderzusetzen, wirklich in den Dialog mit dem Partner, der

Partnerin einzutreten. Auch hier ist das Erleben einer anderen gesellschaftlichen Ordnung oft eine Anfrage an unsere eigene Ordnung, an unsere eigene Entwicklung, und das in zweierlei Hinsicht: Ob das, was wir als »richtig« ansehen und propagieren, tatsächlich so richtig und »alternativlos« ist, wie wir es immer verkünden. Sind wir wirklich davon überzeugt und stehen wir dahinter? Und zweitens, ob das, was auf dem Papier steht, dann auch die konsequente Umsetzung im Alltag findet oder ob es beispielsweise mit der Gleichberechtigung in unserem Land gar nicht so weit her ist, wie wir es immer behaupten.

In afrikanischen und arabischen Ländern ist zudem Homosexualität bis heute mit einem Tabu belegt und steht nicht selten unter Strafe. Auch das ist immer wieder eine Anfrage an uns: Wie gehen wir selbst damit um? Ist es mit unserer Toleranz so weit her, wie wir das gerne nach außen hin zeigen?

Es geht also um die Frage, welche Seiten uns selbst fremd sind. Welche Seiten haben wir auch noch nicht zugelassen, ahnen sie aber? Und wo bin ich mir selbst manchmal fremd? Vor welchen Seiten in mir habe ich Angst – auch Angst, diese zuzulassen?

Welches Selbstbild habe ich von mir, und wo entspreche ich diesem eigentlich gar nicht? Wie meine ich, sein zu müssen, weil andere es erwarten, aber eigentlich bin ich ganz anders und will es auch sein? Wo »presse« ich mich selbst in gesellschaftliche Rollenbilder, vorgegebene Erwartungen? Wo erlebe ich mich als entfremdet, weil ich nicht mit mir selbst in Kontakt und Berührung bin?

Oder noch mal anders: Wo bin ich auf der Flucht vor mir selbst? Gibt es so etwas wie eine innere Heimatlosigkeit, ein Davonlaufen vor mir selbst? Wo bin ich mir selbst fremd geworden, weil ich meilenweit von dem entfernt bin, was ich mir von mir und meinem Leben einmal erträumt habe?

Neue Heimat, Aufnahme finden heißt dann, den Weg zurückzufinden, mich auf den (Rück-)Weg zu mir selbst zu machen, mich neu in mir und meinem Leib zu beheimaten; mich neu in Gott zu beheimaten, weil er mich an- und aufnimmt.

»Ich war nackt und ihr habt mir Kleidung gegeben«

Als wir 2015 die ersten Flüchtlinge aufnahmen, gab es eine große Welle der Solidarität. Die Menschen aus der Umgebung spendeten viele Dinge, die sie nicht mehr brauchten, aber für die Flüchtlinge von großem Wert waren: Kleidung, Fahrräder, Möbel. Es gibt heute viele Ausgabestellen, in denen Bedürftige Menschen Kleidung und andere Dinge fürs tägliche Leben bekommen.

Für den Einzelnen kann hier der Aufruf sein, mal wieder den eigenen Kleiderschrank auszumisten, zu sehen, welche Kleidung überflüssig ist, was abgegeben werden kann. Jeder kann sich fragen: Worauf kann ich verzichten? Was ist überflüssig?

Eine Herausforderung liegt auch in der Frage, wie heute Kleidung hergestellt wird. Unter welchen Bedingungen arbeiten die Menschen in meistens anderen Ländern, um Kleidung für uns zu produzieren? Für uns als Käufer ist es fast unmöglich, die je einzelnen Arbeitsbedingungen zu erforschen. Und ebenso ist es fast unmöglich, nur Kleidung zu kaufen, die fair und gerecht hergestellt wurde. Zudem sind viele Menschen heute darauf angewiesen, günstige Kleidung zu kaufen, weil sie nicht viel Geld zur Verfügung haben. Auch das gehört zum heutigen Mensch-Sein: Dass wir in Produktions- und Handelsbedingungen eingebunden sind, die wir so gut wie nicht beeinflussen können, obwohl sie ungerecht und ausbeuterisch sind. Wir sind angewiesen auf die Produkte, die große Konzerne produzieren und müssen anerkennen, dass wir in ungerechte Systeme eingebunden sind. Dennoch können wir versuchen, auf das Einfluss zu nehmen, worauf wir Einfluss haben.

Den Auftrag Jesu, Nackte zu bekleiden, verstehe ich auch als einen seelischen Auftrag. Wie viele Menschen werden »entkleidet«, ihres Schutzes beraubt, öffentlich zur Schau gestellt. Wahrscheinlich kennt jeder dieses Gefühl, vor anderen bloßgestellt zu werden. Ob es dabei um einen Streich in der Schule ging oder um Bilder, die nicht für die Öffentlichkeit gedacht waren und trotzdem gepostet wurden. Zeitungen kämpfen jeden Tag um die besten Schlagzeilen aus dem Privatleben der Prominenten, Schönen und Reichen. Hier wird schamlos das Leben von Menschen zur Schau gestellt und die Intimsphäre verletzt.

Es gibt allerdings auch Menschen, die freiwillig in Shows auftreten, die davon leben, dass man sich »seelisch nackt« macht. »Big Brother« zum Beispiel oder »Deutschland sucht den Superstar«, wo junge Menschen von (selbsternannten) Profis beurteilt werden und diese manchmal mit einem Satz deren ganzes Selbstbewusstsein zerstören. Warum tun sich Menschen freiwillig so etwas an? Es mag ein Bedürfnis sein, dabei zu sein, teilzunehmen, auch mal mit der eigenen Lebensgeschichte im Rampenlicht zu stehen, gehört zu werden, vielleicht sogar, dass endlich jemand zur Kenntnis nimmt, wie das eigene Leben gerade ist? Vielleicht kann man es aber auch als Hilfeschrei eines »Nackten« verstehen, dass jemand kommt und ihn seelisch bekleidet, dass jemand da ist, der ihn schützt. Bei vielen dieser Menschen hat man das Gefühl, dass sie keine wirklichen Freunde haben, niemanden, der es gut mit ihnen meint, sondern dass sie sich nur mit Menschen umgeben, denen sie selbst in irgendeiner Weise nutzen. Nackte zu bekleiden hieße dann, diesen Menschen ein ehrlicher Freund zu sein. Und das kann in manchen Fällen auch heißen, sich mit ihm darüber auseinanderzusetzen, was ihm guttut und was nicht.

Auch in Talkshows habe ich manchmal den Eindruck, dass es nicht darum geht, sachliche Informationen zu bestimmten Themen aus verschiedenen Blickwinkeln zu betrachten und begründete Meinungen zu hören, sondern darum, wer am lautesten schreit und sich Gehör verschafft. Grundsätzlich hat jeder Recht, keiner kann von seiner Meinung Abstand nehmen und muss diese stattdessen bis zum bitteren Ende verteidigen. Ein solches Verhalten sagt viel über den Respekt und die gegenseitige Wertschätzung aus, mit dem man sich begegnet. Den anderen abzuwerten, ihn nicht ausreden zu lassen, ihn auch in einer solchen Situation lächerlich zu machen, ihn mit Schimpfworten zu überziehen ist eine Form, ihn »bloßzustellen« – ihn also in übertragenem Sinn nackt zu machen.

Gerade dann brauchen Menschen, deren Seele verletzt ist, Worte, Sätze und Gesten, in die sie sich kleiden können, die ihre Seele wärmen und heilen und sie stabilisieren. Benedikt sagt, wie oben schon erwähnt, der Abt als der Leiter des Klosters solle sein wie ein guter Arzt, der versteht, Wunden zu verbinden. Er soll dazu beitragen, dass seine Mönche ganz und heil werden, ihnen zugefügte seelische Wunden vernarben und sie neue Kraft und Hoffnung schöpfen können. Darum muss es gehen. Bei meinem Supervisor fand ich einmal ein Plakat an der Tür, mit dem für einen psychotherapeutischen Kongress geworben wurde. Ich habe es heute in meinem Büro hängen, weil es für mich wunderbar zum Ausdruck bringt, wie ich mich als Seelsorger verstehe. Auf diesem Plakat steht:

Lächeln aussenden
Hoffnung wecken
Ängste wegnehmen

Zweifel besiegen
Freude empfinden
Vertrauen geben
Liebe verschenken
Zuversicht spüren
Kraft einsetzen
Glück teilen

Wenn es in der Begleitung von Menschen gelingt, ihnen ein Lächeln zu schenken, in ihnen Hoffnung zu wecken und vor allem Vertrauen in den eigenen Weg und in Gott, ist das wie ein Mantel, den ich um ihre Wunden, Verletzungen, ihre Nacktheit legen kann, der sie wärmt. Ein eindrückliches Beispiel dafür ist für mich die Heilung eines Mannes in der Synagoge am Sabbat. Seine Hand war »verdorrt«, also wahrscheinlich gelähmt. Jesus sagt zu ihm:

»Steh auf und stell dich in die Mitte!«

Markus 3,3

und heilt ihn. Damit holt er ihn aus seinem Abseits, in das er durch seine Krankheit, die als Strafe Gottes galt, gestellt war. Er gibt ihm Ansehen und Zuwendung, die ihn mit emotionaler Wärme bekleidet haben wird. Wer weiß, wie lange dieser Mann schon gesellschaftlich isoliert war und sich selbst als von Gott verstoßen vorkam. Jesus bekleidet ihn mit dem Mantel der Zuwendung, Nähe und Heilung. Und welch glückliche Erfahrung ist es, wenn Menschen aufblühen und aus einem Gespräch mit etwas mehr Hoffnung, etwas mehr Zuversicht, etwas mehr Trost und Vertrauen, vielleicht sogar ein wenig heiler herausgehen.

Für mich selbst stellt sich die Frage: Kenne ich Menschen, die bloßgestellt wurden? Wer in meiner eigenen Umgebung kann Zuwendung gebrauchen, braucht heilvolle Begegnung und Erfahrung? Und: Wie spreche ich selbst mit anderen Menschen? Wo sage auch ich Worte, die treffen, die verletzen, die bloßstellen, andere »nackt dastehen« lassen?

Nach der Benediktsregel geht es darum, dass im Kloster die Eigenart eines jeden Einzelnen zu berücksichtigen ist – und dann gehört genau das auch dazu: Zu erkennen, zu spüren, wie ich mich dem anderen mitteile, wie ich Kritik übe, wie ich ihm vielleicht auch das ein oder andere Schwere sage, sodass er das Gesagte annehmen und akzeptieren kann.

Gerade in meiner Rolle als Seelsorger und Notfallseelsorger erzählen mir andere immer wieder, wie unsensibel mancher Arzt oder Polizist Nachrichten überbracht hat, die für sie selbst existenziell waren oder ihr Leben auf den Kopf gestellt haben. Sie haben es als mitleidslos empfunden oder vielleicht eher ohne Mitgefühl und hatten den Eindruck, dass es vor allem darum ging, das Nötige zu sagen und dann möglichst schnell wieder zu gehen. Die Betroffenen fühlen sich stehen und allein gelassen; »nackt« und ungeschützt.

Für mich gehört auch dazu, wie man über andere Menschen spricht. Ich denke an das berühmte »Lästern«: Man zieht über jemanden her und der- oder diejenige bekommt es nicht einmal mit. Es aber trotzdem abwerten, kleinmachen, vielleicht auch bloßstellen, wenn zum Beispiel Dinge, die einem vertraulich erzählt wurden, weitergegeben oder verbreitet werden.

Es geht immer darum, die Würde des anderen zu wahren und ein Gefühl dafür zu entwickeln, wo sie verletzt wird, denn auch da sind Menschen sehr unterschiedlich in ihrem Empfinden.

Eine andere Frage ist: Wo und wie bekleide ich mich, beschütze ich mich, lasse ich Verletzendes nicht an mich heran? Und wie sorge ich für mich selbst, wenn ich verletzt worden bin? Wenn ich spüre, dass ich getroffen bin von Worten oder einem Geschehen, ist es mir wichtig, dass ich mir selbst Achtung schenke und mir selbst Respekt entgegenbringe. Manchmal arbeiten die Worte, die mich getroffen haben, in mir weiter und verselbstständigen sich. Dann denke ich: »Stimmt, ich kann wirklich nichts, und eigentlich hat der andere ja Recht, gestern ist mir schon wieder dieses oder jenes Missgeschick passiert.« Dann kann es helfen, mir bewusst zu sagen, dass ich das jetzt nicht an mich heranlasse. Ich erlaube den Worten, den Gedanken nicht, in meine Seele zu dringen. Ich stelle mir innerlich ein Stopp-Schild vor, das diesen Gedanken und Worten klar verbietet, näher an mich oder in mich hineinzukommen. Wenn ich das schaffe, gelingt es mir vielleicht auch, demjenigen, der die betreffenden Worte gesagt oder Nachrichten verbreitet hat, deutlich zu machen, wie sehr mich das getroffen hat. Manchmal stellt sich dann heraus, dass es tatsächlich so nicht gemeint war und dem anderen erst in diesem Moment auffällt, wie verletzend sein Verhalten war.

»Ich war krank und ihr habt mich besucht«

Menschen, die krank sind, zu besuchen, war von Anfang an christliche Aufgabe beziehungsweise christliches Spezifikum und immer verbunden mit der Überzeugung, dass in diesen Menschen auch Gott beziehungsweise Christus selbst leidet. Im Glaubensbekenntnis heißt es, dass Gott allmächtig ist. Gott hat alle Macht, ist stark, kräftig und kann die Weltgeschicke beeinflussen, lenken und steuern. Im Alten Testament ist Gott häufig auch auf der Seite derer zu finden, die gewinnen. Ein Sieg über Feinde ist immer ein Zeichen, dass Gott mit diesen Menschen ist. Ich bin der Überzeugung, dass hier eher ein Gottesbild als Gott selbst zum Ausdruck kommt. Dass Gott selbst auch schwach sein kann, verletzlich, krank und leidend – das war bis zu Jesu Auftreten unvorstellbar, noch viel weniger, dass er in der Gestalt seine Sohnes am Ende tatsächlich am Kreuz endet und stirbt. Gott weiß, was Schwachheit bedeutet, er selbst hat in Jesus Verletzlichkeit und auch Hilflosigkeit erlebt – und ist gerade deshalb Menschen nahe, die leiden.

Gott begegnet mir in diesen Menschen, aber auch im Zulassen meiner eigenen Schwachheit und Verletzlichkeit. Vielleicht ist dieses Zulassen sogar Voraussetzung, dass ich es beim anderen annehmen und darin Gott entdecken kann. Ich begegne immer wieder Menschen, die sich schwertun, zuzulassen, dass sie schwach sind, dass sie verletzt worden sind. Das Zulassen und Anschauen dieser Verletzungen ist der Beginn der Heilung und Wandlung dahin, sich selbst zu erlauben, der sein zu dürfen, der man eigentlich ist.

Paulus sagt einmal:

»Wenn ich schwach bin, bin ich stark«,

2 Korinther 12,10

denn genau dann kann auch die Kraft Gottes wirken, mich aufrichten, mir bewusst werden und mich stark machen. Das klingt wie ein Paradoxon, ist es aber nicht: Gott ist schwach und stark, er ist der, der in Jesus leidet und stirbt und der zugleich die Macht hat, ihn aus dem Tod zu holen und neues Leben zu schenken.

Wo finde ich die »Kranken« in meinem eigenen Leben, selbst wenn ich kerngesund bin? Immer dort, wo ich meine eigene Verletzlichkeit besuche. Besuch meint immer auch, mit dem, den ich besuche, ins Gespräch, in Kontakt zu kommen. Wenn ich meine eigene Verletzlichkeit besuche und mit ihr in Kontakt komme, kann ich erfragen, was mich verletzt hat, was mich immer wieder verletzt, welche Wunden endlich heilen möchten, ohne dass sie ständig wieder aufgerissen werden, welche Wunden, welche Verletzungen gesehen, wahrgenommen werden wollen. Es geht um die Fürsorge für die eigenen Verletzungen. Die väterliche, mütterliche Seite darf den schwachen Menschen, der ich auch bin, trösten, in den Arm nehmen, darin etwas von der Zuwendung Gottes spüren und wissen: Genau so nimmt Gott sich des Menschen an; vor ihm brauche ich meine Verletzungen nicht zu verstecken.

»Ich war im Gefängnis und ihr seid zu mir gekommen«

62.865 Gefangene und Verwahrte führt die Statistik für Deutschland 2016 auf. Ich erinnere mich an mein Studium in Münster. Damals lebte ich im Priesterseminar und mit mir ein Priester, der in Münster Gefängnisseelsorger war. Immer wieder erzählte er von den Menschen hinter Gittern, von seinen Erfahrungen mit ihnen, auch mit ihrer Resozialisation. Ich finde das eine bemerkenswerte Zielsetzung des deutschen Justizwesens: Menschen wieder in die Gesellschaft zu integrieren; ihnen deutlich zu machen, dass im weltlichen Recht ihre Taten eine Strafe nach sich ziehen, sie aber, wenn diese verbüßt ist, die Möglichkeit haben, in die Gesellschaft zurückzukehren. Wie anders ist das in den Ländern, in denen es die Todesstrafe gibt. Abgesehen davon, dass aus meiner Sicht kein Mensch das Recht hat, einem anderen sein Lebensrecht abzusprechen, wird es dadurch auch unmöglich, ein Urteil zu revidieren, jemanden zu rehabilitieren. Es scheint, dass in solchen Gesellschaften Kriminalität mit aller Macht und auch mit Gewalt aus der Gesellschaft verbannt werden soll. Aber so gelingt das nicht. Vielmehr ist doch die Frage, was sagt Kriminalität über die Gesellschaft selbst aus, welche Ursachen gibt es dafür?

Nach meinem Studium arbeitete ich ein Jahr lang in einem Heim mit schwererziehbaren Jugendlichen. In diesem Heim gab es eine Abteilung, in der jene untergebracht waren, die diese Möglichkeit anstelle einer Gefängnisstrafe in Anspruch nahmen. Es war tatsächlich eine »geschlossene Abteilung«: Abends wurden die Kinder und Jugendlichen in ihren Zimmern eingeschlossen. Verlassen durften sie die Einrichtung nur in Begleitung eines Erziehers. Ich war damals zum einen schockiert darüber, welch kriminelle »Karriere« diese jungen Menschen bereits hinter sich hatten – einer war 12 oder 13 Jahre alt und bereits Chef einer Autoschieberbande gewesen. Aber ich war auch schockiert darüber, wie sehr sie teilweise auch sozial isoliert waren. Es gab Jugendliche, deren Eltern nichts mehr von ihnen wissen wollten, die noch nicht einmal an Weihnachten Besuch bekamen oder ein Paket, einen Brief. Ich werde nie vergessen, wie einer dieser Jugendlichen am Weihnachtstag vor dem Fernseher saß und sich einen kitschigen Film ansah. In dem Augenblick sah ich vor mir keinen Kriminellen, sondern ein nach Liebe und Zuneigung schreienden und zutiefst bedürftigen jungen Menschen, der fast noch ein Kind war. Mir stand sehr deutlich vor Augen, wie sehr auch diese, vielleicht auch durch schwierige familiäre Umstände kriminell gewordenen Menschen sich nach Geborgenheit, Liebe, Familie, Angenommensein sehnten. Der Kriminelle in ihnen ist eine Seite, aber eben nur eine. Jeder dieser Kinder und Jugendlichen bleibt auch Mensch und hat eine Chance verdient.

Deshalb ist es für mich so eindrücklich, dass ein Hauptthema des christlichen Glaubens das Verzeihen ist. Als man Jesus fragte, wie oft man einem anderen Menschen vergeben sollte, sagte er:

Sieben Mal 77 Mal – gemeint ist damit, unendlich oft. Und doch fragen wir uns häufig: Wie viel Chancen soll ich einem anderen noch geben, wie oft verzeihen, wie oft kann ich mich auch ausnutzen lassen, ohne selbst daran zu zerbrechen?

Wenn in den Medien über Fälle von Vergewaltigung oder Missbrauch berichtet wird, was ja immer auch eine massive seelische Verletzung, Bloßstellung ist, unter der die Opfer nicht selten ein Leben lang leiden, werden immer wieder Stimmen laut, die an den Tätern Rache nehmen wollen. Manchmal wird dann auch die (Wieder-)Einführung der Todesstrafe gefordert. Es gehört zum christlichen Glauben, dass auch der, der sich massiv vergangen hat, eine Chance bekommen soll. Und es ist seine Herausforderung. Nicht zuletzt liegt diese darin, dass derjenige, der kriminell geworden ist, mit sich selbst in Frieden kommt, sich selbst verzeihen kann und sich entscheidet, einen neuen Weg zu gehen, aus der Spirale der Kriminalität herauszutreten. Sich selbst zu verzeihen bedeutet nicht, alles einfach unter den Teppich zu kehren und einfach zu vergessen, sondern sich der Verantwortung zu stellen, das eigene Handeln und dessen Ursachen anzuerkennen, strafrechtliche Konsequenzen zu akzeptieren und den Blick in die Zukunft zu richten.

Vor einigen Jahren las ich in einem Buch Berichte von Seelsorgern, die von Erfahrungen in Grenzsituationen erzählten. Ein Gefängnisseelsorger berichtete hier über einen Strafgefangenen. Sehr eindrücklich schilderte er, dass dieser junge Mann im Gefängnis beschloss, Theologie zu studieren und Priester zu werden. Wie freute er sich, als der zuständige Bischof sein Einverständnis gab. Der Seelsorger nahm den Mann bei sich auf – an den Freigangwochenenden, schenkte ihm Vertrauen. Er gab ihm den Schlüssel zum Pfarrhaus und wurde nicht enttäuscht. Jedes Mal, wenn dieser junge Mann den Gottesdienst besuchte, berührte den Seelsorger der Gedanke, dass sich bei der Kommunion, bei der Feier des Abendmahles Christus sich in seine Hände hineinlegt und damit Gott selbst. Don Bosco hat einmal folgenden Satz gesagt: »Jeder Heilige hat eine Vergangenheit, jeder Sünder eine Zukunft.« Keiner ist ohne Schuld und keiner nur heilig.

Am Verhalten gegenüber anderen zeigt sich immer auch das Verhalten mir selbst gegenüber. Nicht umsonst betont Jesus, dass die Nächstenliebe an der Selbstliebe hängt: »Liebe deinen Nächsten wie dich selbst.« Wenn ich mich selbst nicht annehme, kann ich auch den anderen nicht annehmen. Im Besuchen von Gefangenen und in der Sorge um sie ist auch der Auftrag enthalten, unsere eigene Fehlerhaftigkeit anzunehmen. Benedikt sagt seinen Mönchen in seiner Ordensregel:

»Und niemals an der Barmherzigkeit Gottes verzweifeln.«

Regel Benedikts 4,74

Die Barmherzigkeit Gottes ist immer größer als alle Fehler, als alle Schwachheit, als alle Selbstverurteilung, alle Minderwertigkeitskomplexe. Genau wie unsere eigene Verletzlichkeit können wir auch unsere eigene Fehlerhaftigkeit besuchen, sie umarmen und annehmen.

Darin steckt auch der Impuls zum Neuanfang, zur Umkehr. Diese gelingt in der Annahme: Ich bin gut, wie ich bin. Diesen Blick gilt es immer und immer wieder einzuüben. Dem anderen, aber auch mir selbst gegenüber.

Gefangene zu besuchen kann dann auch heißen, mit all denen solidarisch zu sein, die sich innerlich als gefangen erleben. Mit denen, die sich gelähmt fühlen und nicht aus ihren Verhaltensmustern, unter denen sie leiden, herausfinden. In Gesprächen erlebe ich immer wieder, dass viele nicht die Kraft haben, aus ihren Problemen auszusteigen und Schritte hin zu einer Lösung zu tun. Sie müssen immer wieder darüber sprechen, bleiben aber darin gefangen. Meine Aufgabe ist es, ihnen zuzuhören, mich ihnen zuzuwenden, ihnen Aufmerksamkeit zu schenken. Oder ihnen eine Lossprechung zu geben oder einen Segen zu schenken. Es braucht manchmal viel Geduld, bis sich innerlich ein Spalt öffnet und ein Mensch es wagt, aus seinen inneren Gefängnissen aufzubrechen.

Für das eigene Leben geht es darum, dass innewohnende Gefangensein zu besuchen und es anzuschauen. Aufrichtig und ehrlich. Wo bin auch ich gefangen in mir selbst? Wo wünsche ich mir Befreiung? In welchen äußeren Bedingungen meines Lebens fühle ich mich gefangen? Der Weg heraus ist oft ein mühsamer. In der Apostelgeschichte wird berichtet, wie Petrus, der im Gefängnis saß, weil er verkündet hatte, dass Jesus von den Toten auferstanden sei, von einem Engel besucht und aus dem Gefängnis befreit wird. So ist es leider nicht bei den meisten Menschen. Oft liegt das daran, dass sie sich eigentlich ganz wohl in ihrem »Lebensgefängnis« fühlen. Es engt sie zwar ein, aber hier kennen sie sich aus. Außerdem ist das Neue unbekannt und macht Angst. Deshalb die Frage Jesu an Kranke: »Was willst du, dass ich dir tun soll?« Das heißt: Willst du überhaupt frei werden? Wie haben die Israeliten gemurrt auf ihrem Weg aus Ägypten in die Freiheit: »Wären wir doch an den Fleischtöpfen Ägyptens geblieben«, sagten sie. Auch wenn es ihnen nicht gut ging, aber sie hatten wenigstens zu essen. Der Aufbruch braucht auch das Aufstehen aus der eigenen Bequemlichkeit.

Tote bestatten

Die christliche Tradition hat den bisher genannten »Werken der Barmherzigkeit« das Werk »Tote bestatten« hinzugefügt. Dahinter steht die Überzeugung, dass der Mensch im Tod seine Würde behält – als Mensch und als Ort der Gegenwart Gottes. Als göttlicher Tempel. Als solchem steht dem Menschen ein würdevolles Begräbnis zu.

Der Tod ist im christlichen Glauben der Übergang vom irdischen in das ewige Leben. Ich habe in der Begleitung sterbender Menschen festgestellt, dass mein Glaube dadurch stärker geworden ist. Weil gerade im Sterben Gottesbegegnung stattfindet. Es ist beeindruckend, wie Menschen, wenn es kein plötzlicher Tod ist, immer deutlicher entspannen, gelassen werden, sogar manchmal im Augenblick des Todes ein Lächeln auf den Lippen haben. Ich erinnere mich an einen Mitbruder, der, als er krank war und ich ihn fragte, ob er bereit sei, zu gehen, wenn Gott ihn rufe, antwortete: »Wenn ich dazu nicht bereit wäre, hätte ich nicht ins Kloster gehen dürfen.« Als er dann gestorben war, erzählte der Mitbruder, der bei ihm war, dass er in der Haltung des »Suscipe« gestorben sei. Das »Suscipe« ist der Gesang, der bei der Profess gesungen wird, wenn ein Mönch also das Gelübde ablegt, auf Lebenszeit im Kloster zu bleiben. Der Text lautet:

»Nimm mich auf, o Herr, und ich werde leben. Und lass mich in meiner Hoffnung nicht scheitern.«

Der Mönch singt dieses Lied mit ausgebreiteten Armen und drückt damit aus, dass er all seine Hoffnung auf Gott setzt. Der sterbende Mitbruder, der schon nicht mehr ansprechbar war, hatte im Tod diese Arme so gehalten – bereit, von Gott aufgenommen zu werden.

Für mich ist in diesem Mitbruder spürbar, dass Gott ihm entgegenkommt, seinen Engel sendet, sodass es dem Sterbenden leichtfällt, hinüberzugehen.

In würdevollen Abschiedsriten kann dann noch einmal zum Ausdruck gebracht werden, dass dieser Verstorbene von der Erde genommen war, ganz Mensch, und nun der Erde zurückgegeben wird, aber dass Gott ihn gewürdigt hat, Ort seiner Gegenwart zu sein, dass er sich durch ihn in diese Welt hinein mitgeteilt hat. Es ist gute Tradition bei uns, dass wir uns am Abend der Beerdigung zusammenfinden und aus dem Leben des Verstorbenen erzählen, jeder das, was er weiß. In diesem Erzählen leuchtet auf, wie und wo Gott in und durch diesen Menschen gewirkt hat. Und jede Beisetzung, jedes Abschiednehmen spricht von der Hoffnung des Glaubens, dass Gott dem Menschen ein ewiges Leben schenkt, wie auch immer es aussehen mag.

Ich erschrecke manchmal, wenn ich höre, dass in Altenheimen oder Krankenhäusern der Bestatter nur noch kommen darf, wenn Anwohner es nicht sehen oder mitbekommen. Diese Menschen wollen oder können sich nicht mit dem Tod auseinandersetzen. Der Tod wird verdrängt, an den Rand verwiesen. Stattdessen werden Wege gesucht, sich ständig zu verjüngen, Spuren des Alters unsichtbar zu machen und das Gen für ein langes, wenn nicht ewiges Leben auf Erden zu finden. Die Auseinandersetzung mit dem Tod, das Bewusstmachen der eigenen Sterblichkeit ist die Chance, sich selbst mit der Frage zu konfrontieren: Was glaube ich? Was ist meine Hoffnung? Eine solche Auseinandersetzung kann zur Berührung, zum Finden des Göttlichen werden, zum Finden einer Dimension des Seins, die über die eigene Endlichkeit hinausweist.

Der heilige Franziskus hat den Tod »Bruder Tod« genannt und wir Mönche beten in jedem Mittagsgebet in dem Eröffnungslied um einen »heiligen« Tod. Damit wird der Tod als Bestandteil des Lebens akzeptiert und willkommen geheißen. Er wird gewürdigt als der Teil meines Lebens, der mein biologisches Leben beendet und mich in eine neue Weise des Seins führt.

Der Tod eines Menschen ist eine absolute Grenzsituation. Der Sterbende kommt an die Grenze seines irdischen Lebens. Grenz-Situation ist ein schönes Wort dafür. Wenn der Mensch eine Landesgrenze überschreitet, betritt er ein neues, anderes Land. In diesem trifft er auf andere Menschen, auf eine andere Kultur, hier weitet sich sein Blick, sein Erfahrungshorizont. Der Sterbende geht genauso in ein anderes Land: vom irdischen in ein himmlisches, in ein neues Leben. Dann aber ist es nicht Tod – also ein Ende –, sondern ein Hinübergehen in eine andere, neue Existenzform. Im Christentum glauben Menschen, dass gerade diese Grenzsituation den Menschen in eine Gottesbegegnung und -erfahrung führt. Der christliche Glaube spricht hier von einem Schauen Gottes von Angesicht zu Angesicht.

Im Gottesdienst zur Beisetzung gibt es den Gesang »In paradisum deducant te angeli«. Im Deutschen übersetzt: »Ins Paradies mögen Engel dich geleiten (...), dich führen in die heilige Stadt Jerusalem.« Jerusalem ist das Sinnbild im Jüdisch-Christlichen für den Wohnort Gottes. Der Sterbeprozess eines Menschen kennt verschiedene Phasen, es braucht Zeit, bis ein Mensch das Unvermeidliche annehmen kann und darin einwilligt. Nicht umsonst spricht man manchmal vom Todeskampf.

Es gibt auch andere Situationen im Leben eines Menschen, die Grenzsituationen sind und einen Menschen extrem herausfordern. Auch sie können zur Gotteserfahrung führen. Ich denke an mein Noviziat, in dem ich zunächst ohne Kontakt nach außen war. Oder andere Situationen, in denen Menschen sich vor Aufgaben sehen, die ihnen gestellt werden vom Leben und scheinbar über die eigenen Kräfte hinausgehen. Manchmal haben wir dann den Eindruck: Ich schaffe das nicht, das kann ich nicht. Und wir fragen uns: Warum habe ich die Situation für mich freiwillig gewählt? Doch plötzlich öffnet sich eine neue Dimension im Inneren, öffnen sich neue Horizonte, erfahre ich: Ich kann mehr, als ich dachte. Ich habe das Gefühl: Da kommt mir eine Kraft entgegen, die mir hilft, diese Situation jetzt zu meistern. Es gibt selbstverständlich auch Situationen, in denen wir unsere Grenzen respektieren müssen, in denen klar ist: Wenn ich jetzt weiter über meine Kräfte arbeite, dann geht das an die Substanz, an die Gesundheit. Auch das ist eine Grenzsituation, die zur Erfahrung von Gott werden kann, weil ich mich mit meiner Schwachheit auseinandersetzen muss, damit, dass ich nicht so kann, wie ich es eigentlich will. Es ist die existenzielle Auseinandersetzung mit der Frage: Was trägt mich, was macht mich aus, was bin ich wert, wer bin ich, wenn ich nicht so kann, wie ich will?

Viele versuchen immer wieder, dem entgegenzuwirken. Ob es die Suche nach dem ewigen Leben ist, das dem Menschen den Tod nimmt, oder andere Methoden, die eigenen Grenzen immer weiter hinauszuschieben, um noch länger leistungsfähig, jung und dynamisch zu sein. Die Auseinandersetzung mit den eigenen Grenzen kann das Tor öffnen, kann den Blick weiten für das Entgegenkommen Gottes, ob im Tod oder an den »Schwachstellen« meines Lebens, in denen ich mich auffangen lasse und mir meine Grenzen eingestehen kann.

Solche Situationen sind daher auch Orte des Sterbens, des Loslassens. Wenn ich das Thema »Tote begraben« dann noch einmal auf mich selbst beziehe, muss ich mich vielleicht fragen: Was will sterben, was verabschiedet werden? Welche Grenzen in meinem Leben gilt es zu achten und welche gilt es zu überschreiten?

Gott
wieder finden

Wo ist Kirche?

Randbemerkungen

Wir haben oben gesehen, dass Gott aus christlicher Sicht den Menschen immer nähergekommen ist: von den Begegnungen der Menschen mit ihm in den Geschichten des Alten Testaments über Jesus, der als Gegenüber, als Du erfahrbar wurde, bis hin zum Geist Gottes, der in jedem Menschen ist. Wenn aber Gott so nah bei seinen Menschen sein will, dass er in jedem anderen erfahrbar wird, was bedeutet das dann für die Kirche heute? Muss sich dann nicht auch der Blick in der Kirche wieder deutlich mehr dem Menschen, dem Einzelnen, zuwenden? Weil Gott gerade bei den Menschen gefunden werden kann?

So, wie sich der Weg Gottes mit den Menschen über die Jahrhunderte weg verändert und immer wieder erneuert hat, muss sich auch der Weg der Kirche durch die Zeit immer wieder erneuern. Die Zeit bleibt nicht stehen, und so, wie sich Menschen und ihre Bedürfnisse über die Jahrhunderte weg verändert haben, muss sich auch eine Kirche verändern, die das umsetzen will, was Jesus vorgelebt hat: nahe bei den Menschen zu sein, damit die Menschen nahe bei Gott sein können.

In den Kirchen spüren viele, dass es neue Wege braucht, neue Konzepte. Keiner hat dabei ***das*** Rezept parat. Die einen fordern strukturelle Reformen (Ehelosigkeit aufheben, Frauenweihe, Beteiligung an Bischofswahlen und so weiter), die anderen eine Vertiefung des Glaubens. Häufig ist heute von Glaubenskrise die Rede. Manchmal macht es auf mich den Eindruck, dass viele denken: Wenn Kirche zurückfindet zu ihren »eigentlichen Quellen« wie Messe, Rosenkranz, Anbetung, wenn die Menschen wieder mehr beten, dann wird alles wieder gut. Es braucht sicher eine Vertiefung des Glaubens, aber nicht eine Rückkehr zu dem, was mal war, aber nicht mehr ist.

Gott ist ein Gott des Aufbruches und des Weges, wie man in den biblischen Geschichten des Alten wie auch des Neuen Testaments immer wieder nachlesen kann. Selten höre ich die Frage: Wozu mutet Gott der Kirche diesen Aufbruch und Umbruch zu? Wohin will er seine Kirche führen? Angesichts der schwindenden Mitgliederzahlen in beiden großen Kirchen, abnehmender Besucherzahlen in den Gottesdiensten und in den Gemeinden, scheint der Glaubensschwund sowohl auf der evangelischen wie auf der katholischen Seite gewaltig. Ich bezweifle jedoch, dass es ein Glaubensschwund ist. Ich bin unsicher, ob wirklich der Glaube, die Sehnsucht nach einem letzten Halt, nach einem »Mehr« im Leben schwindet. Ich glaube eher, dass die Menschen heute keine Antworten mehr finden in der Art, wie Glaube in den Kirchen gelebt und verkündet wird. Oder dass man ihnen dort Antworten auf Fragen gibt, die sie nicht gestellt haben.

Wenn Gott vor allem bei den Menschen zu finden ist, wäre es dann nicht an der Zeit, dass Kirche sich auch wieder dem Menschen zuwendet, statt in leeren Räumen zu sitzen und zu warten, dass sie kommen oder darüber zu lamentieren, dass niemand mehr die ehrenamtlichen Aufgaben in der Kirche übernehmen will? Die Frage wäre dann: Wo ist der Mensch heute zu finden? Wo kann ich ihm und wo kann ich somit Gott heute begegnen?

Der Umbruch in der Kirche, der durch Papst Franziskus ins Rollen gekommen ist, ist auch deshalb so deutlich wahrnehmbar, weil sein Vorgänger Papst Benedikt eher als scheu und zurückhaltend galt. Während er seine tägliche Messe im Kreis seines Sekretärs und seiner Haushälterinnen feierte, ging Franziskus von Anfang an unter die Menschen. Er blieb in seinem Zimmer im vatikanischen Gästehaus statt in die eigentliche Papstwohnung umzuziehen, feiert bis heute dort jeden Tag mit Gästen die Messe, isst mit ihnen, taucht unerwartet in der vatikanischen Kantine auf, macht Überraschungsbesuche in Gefängnissen, Krankenhäusern, an sozialen Brennpunkten.

Zu Beginn haben Kritiker gesagt, dass Franziskus das Amt seines göttlichen Glanzes beraube. Der Papst sei Stellvertreter Christi, sozusagen göttliche Autorität, und könne sich nicht wie ein einfacher Mensch unter die Menschen mischen. Genau damit aber ist er in die Fußspuren Jesu getreten. Jesus hat nichts anderes gemacht, als unter Menschen zu sein, vor allem unter jenen am Rand. Mit anderen Worten: In der Kirche, bei Gott haben alle einen Platz.

In diesem Sinn sind gerade die Wohnungen derer, die sich nicht dazugehörig fühlen, die sich manchmal als nicht recht gläubig fühlen, die sich klein vorkommen, weil sie so wenig vom Glauben, von Gott wissen, Anders-Orte. Anders-Orte auch deshalb, weil Kirche sich hier umstellen muss. Gerade das hat Jesus so faszinierend gemacht, dass er die Menschen herausgefordert hat, als er neu und anders, aufbrechend von Gott sprach. Als er gerade zu denen ging, die heute der Kirche außen vor sind oder mit der Institution Kirche nichts mehr anfangen können; die, die gar keiner Konfession oder Religion zugehörig sind, aber der Sehnsucht Raum geben. Wer anklopft, sagt Jesus, dem wird aufgetan. Und wer suchet, der findet.

Meiner Ansicht nach sind die Menschen noch immer dort zu finden, wo schon Jesus sie gefunden hat und wo auch Papst Franziskus sie heute suchen will: an den Rändern. Deshalb möchte ich im Folgenden einige »Rand-Bemerkungen« machen, Orte nennen, an denen Menschen darauf warten, gefunden zu werden, und Haltungen, die heute wieder dazu führen könnten, dass wir Gott im Menschen begegnen können.

Unterwegs

Gott ist ein Gott des Aufbruchs und des Weges. Es war die Rede von Abraham, der von Gott auf seinem Weg begleitet wurde, sich ihm immer wieder gezeigt hat. Genauso ergeht es dem Volk Israel beim Auszug aus Ägypten. 40 Jahre lang ziehen die Israeliten durch die Wüste und werden von ihrem Gott begleitet. Dieses Bild des wandernden Volkes Gottes prägt bis heute das Selbstverständnis der Kirche. Sie versteht sich als Gemeinschaft, die unterwegs ist. Das Reich Gottes, das auch Jesus verkündet hat, ist erst in den Anfängen sichtbar. Es zu realisieren und aufzubauen erfordert Arbeit und Engagement. Auch Jesus selbst war immer unterwegs, blieb nie lange an einem Ort. Er ist gewandert, hin zu den Menschen, hat sie aufgesucht, sie besucht und begleitet. Er hat sozusagen Gott zu ihnen gebracht, ihn zu ihnen getragen, ihn für sie sichtbar und spürbar gemacht. Jesus setzte sich nicht an einen Ort und wartete, dass die Menschen zu ihm kamen, ihm zujubelten oder zuhörten. Wenn sie in großen Scharen kamen, hatte er sie dazu nicht »herbeizitiert« oder sein Kommen als große »Show« angekündigt. Vielmehr eilte ihm sein Ruf voraus und die Menschen kamen von sich aus zu ihm, weil sie seine Botschaft hören wollten und sich von ihm Heilung erwarteten. Zunächst aber hat er sie dort gefunden, wo sie lebten, wo sie mit ihren Fragen, Problemen und Sorgen waren.

In der Kirche, im Glauben wird häufig unterschieden zwischen kontemplativ und aktiv, zwischen Welt und Gott. Dabei ereignet sich Gott mitten in der Welt, mitten unter den Menschen. Gott kommt in Jesus mitten in die Welt, mitten unter die Menschen. In den letzten Jahren ist immer wieder innerkirchlich davon gesprochen worden, dass Kirche eine »Geh-hin-Kirche« sein muss und soll. Nicht eine, die darauf wartet, dass die Menschen zu ihr kommen, sondern dass Kirche Menschen dort sucht, wo sie leben, arbeiten und eben auch nach Gott fragen, mit ihm hadern, ihn finden und sich finden lassen.

In meiner Kindheit war es normale Praxis, dass man sonntags in die Kirche ging. Ich glaube, das haben sehr viele Menschen so noch erlebt. Es gehörte einfach dazu. Oftmals wird von den Kirchen heute die mangelnde Glaubenspraxis angeprangert, dass eben nicht mehr alle regelmäßig zur Kirche gehen. Ich erlebe immer häufiger, dass Menschen Kirche punktuell aufsuchen, punktuell ihre Angebote wahrnehmen. Ich kann das beklagen, kann darüber schimpfen, den Niedergang des christlichen Abendlandes beschwören. Ich kann es aber auch als Chance sehen, um Menschen punktuell ein Sinnangebot, einen Deutungshorizont zu geben.

Mich beeindruckt es immer wieder, dass viele ganz unabhängig davon, ob sie selbst ihren Glauben auf irgendeine Weise praktizieren, ihr Kind zur Taufe bringen. Es scheint ein großes Bedürfnis danach zu geben, das neue Leben unter den Schutz einer größeren Macht zu stellen und um den Segen für das Kind zu bitten. Für die Kirche könnte genau in solchen Bedürfnissen heutiger Menschen eine Chance liegen, anzuerkennen, dass Gott für seine Kirche hierin eine Botschaft hat. Und auch, dass sie Menschen heute erreichen – wenn man die passenden Mittel wählt.

Manchmal kommt es mir vor wie eine Leier, die stets wiederholt wird, wenn zum Beispiel Bischöfe betonen, die Strukturen würden nicht verändert, dazu sei nicht die Zeit, stattdessen müsste die Glaubenstiefe neu gefunden werden. Dabei tragen auch Strukturen zur Glaubwürdigkeit bei – oder eben nicht, wenn sie erstarrt und veraltet wirken. Papst Franziskus wird nicht müde, dazu aufzurufen, mutige Vorschläge zu machen für die Zukunft der Kirche, um mit den Menschen von heute auf ihrem Verstehenshorizont Gott zu finden, seine Spuren zu entdecken und ihnen neue Deutungsmuster für ihr Leben anzubieten. Das beste biblische Beispiel in dieser Hinsicht ist für mich der Apostel Paulus. Als er nach Athen kommt, entdeckt er dort auf dem Areopag, dem Marktplatz, viele Altäre. Jeder ist einem Gott gewidmet. Auf einem Altar entdeckt er die Inschrift: »Dem unbekannten Gott«. Der Hintergrund war, dass die Griechen Angst hatten, sie könnten einen Gott übersehen haben und dieser könnte dann beleidigt sein und seinen Zorn über sie ausschütten. Paulus greift das auf und sagt:

»Diesen unbekannten Gott, den verkünde ich euch.«

Apostelgeschichte 17,23

Und er beginnt, von Jesus und Gott zu erzählen. Er steht auf dem Areopag, nicht in einer Synagoge, einem Tempel, sondern mitten auf dem Platz – mitten unter den Menschen. Er spricht von einem Gott, von dem die Menschen meinten, dass es ihn gäbe, der ihnen aber unbekannt sei. Ähnlich geht es Menschen heute: Sie spüren, dass es da »etwas« geben muss, etwas, das über ihr Leben hinausgeht. Sie fühlen eine Sehnsucht und sind der festen Überzeugung, dass diese im wahrsten Sinn des Wortes nicht Grund-los ist. Diesen Menschen zu helfen, ihrer Sehnsucht einen Namen zu geben, das zu entdecken, was sie spüren und suchen – das ist Kirche.

Ich glaube, dass die (katholische) Kirche Abschied nehmen muss von der Vorstellung, sie habe eine Mittlerrolle. Davon, dass es priesterliche Aufgabe sei, in den Sakramenten Gott auf die Erde zu holen. Gott ist. Gott ist längst da. Das ist sein Name. Lange bevor es Sakramente gab, nannte Gott selbst diesen Namen: »Ich bin da.« In den Sakramenten, in gottesdienstlichen Handlungen geht es darum, Gott sichtbar zu machen in Zeichen wie Brot und Wein beim Abendmahl. Wenn man so will, geht es um eine Spurensicherung Gottes, mitten unter den Menschen. Und damit steht im Mittelpunkt, mit den Menschen unterwegs zu sein, ihre Wege mitzugehen, wie schwer oder wie schön sie auch immer sind.

Manche in der Kirche hoffen, dass Papst Franziskus keine allzu lange Amtszeit haben wird. Und dass dann wieder ein »katholischer« Papst die Leitung der »Heiligen römischen Kirche« übernimmt. Ich bin überzeugt, dass der nächste Papst hinter dem Stil, mit dem Franziskus die Kirche führt, nicht zurückkann. Wie anachronistisch wäre es, wenn jetzt auf einmal ein Papst wieder rote Schuhe anziehen und sich gottgleich in Szene setzen würde!

Das Zweite Vatikanische Konzil, das von 1958 bis 63 stattfand und eine Versammlung aller katholischen Bischöfe, einiger theologischer Berater und dem Papst war und zum Ziel hatte, dass sich die Kirche den Fragen der modernen Welt stellt, hat in einem seiner Beschlüsse Folgendes formuliert: »Freude und Hoffnung, Trauer und Angst der Menschen von heute, besonders der Armen und Bedrängten aller Art, sind auch Freude und Hoffnung, Trauer und Angst der Jünger (heute muss man ergänzen: und der Jüngerinnen) Christi.«

Hier klingt das an, was in theologischen Diskursen die »christliche Zeitgenossenschaft« genannt wird. Christen und damit Kirche ist gerufen, Zeitgenossen, Zeitgenossinnen der Menschen von heute zu sein, ihr Leben zu teilen, bei ihnen zu sein, so wie es Jesus auch tat. Wo immer Menschen ins Gespräch kommen, ihre Freuden, Hoffnungen, Ängste und Trauer teilen, wo immer ein Spalt aufgeht und Gott spürbar wird, dort ereignet sich Kirche als Gemeinschaft der hoffenden, liebenden Menschen.

Dann ist aber Kirche nicht mehr nur die sichtbare Gemeinschaft um ein liturgisches Zentrum. Nicht mehr nur eine Gemeinde, die sich um den Altar in der eigenen Kirche versammelt. Christliche Existenz spielt sich eben auch am Rand oder jenseits kompakter Gemeindebildung und amtlicher Kirchlichkeit ab. Dafür gibt es heute den Begriff der »liquid church«. »Liquid« meint »Verflüssigung«. Das bedeutet aber nicht, dass Kirche über-flüssig wäre, aber es heißt auch etwas anderes als das, was vor einigen Jahren unter der »Verdunstung des Glaubens« verstanden wurde. Wenn etwas verdunstet, ist es verschwunden. Wenn sich etwas verflüssigt, dann geht es in einen anderen Aggregatszustand über. Diejenigen, die vor allem in den wissenschaftlichen Diskussionen von einer »liquid church« sprechen, gehen von »fluiden« Lebensbedingungen junger Menschen aus. Das meint: Sie sind nicht mehr so starr wie früher, als klar war, was Kirche hieß und was man zu tun oder zu lassen, wie man zu leben hatte. Die allermeisten fügten sich ein. So vielfältig, so fließend wie heutige Lebensmodelle und Lebensbedingungen, so vielfältig wie heutige Partnerschafts- und Familienmodelle sind, so sind die Vorstellungen christlicher Praxis häufig auch »Mosaiksteine im säkularen Puzzle alltagskultureller Praktiken« (Prof. Michael Schüßler in einem Aufsatz über »liquid church«). Das meint: Menschen haben längst nicht mehr die Bindung an Kirche wie früher, aber Glaube, Christentum, Religion kommt mosaikartig in ihrem Leben, in ihrer Lebenspraxis vor. Punktuell gewinnt es sogar wieder an Bedeutung. Das kann man kritisieren, beklagen, man kann darüber jammern, aber das hilft nicht weiter.

Rainer Bucher, Pastoraltheologe in Graz, schreibt in seinem Buch »... wenn nichts bleibt wie es war«:

»Eine Kirche, die sich nicht der Welt dieser Zeit aussetzt, die in der Sicherheit scheinbar unverletzbarer Räume und Gewissheiten bleibt, wird ihrer Aufgabe nicht gerecht. Sie kommt um ihrer Aufgabe willen nicht am Risiko des Wagnisses vorbei: Ihr Ort ist das offene Meer der Hingabe.«

Bucher, S. 60

Wenn Kirche für heutige Menschen von Bedeutung sein will, muss sie sich auf das einlassen, was im Leben dieser Menschen geschieht. Sie muss sich ebenso wie die Menschen den Veränderungsprozessen, den in Fluss gekommenen Lebensmuster gesellschaftlicher Existenz überlassen, und nicht reaktionär-verzweifelt versuchen, das zu bewahren, was nicht mehr zu bewahren ist.

Es hilft nichts, nach dem Motto zu handeln: »Was nicht sein darf, ist auch nicht« und weiterhin die Augen zu verschließen. Es könnte ja auch sein, dass die Augen zu öffnen dazu führt, die spannende Entdeckung zu machen, dass Gott unmittelbar gegenwärtig ist – unter den Bedingungen der Menschen von heute.

Kloster

Viele dieser »modernen« Menschen, dieser Suchenden und Fragenden, finden zwar nicht mehr den Weg in die Kirche, aber zu uns in die Abtei. Nicht selten sind sie in einer Aufbruchs- und Umbruchszeit. Das kann eine berufliche Krise sein, die Lebensmitte, eine Ehe, die auseinandergeht. Nicht selten bricht darin auch, ohne dass es beabsichtigt gewesen wäre, die Frage nach Gott auf. Viele spüren etwas, das sie als größer als sie selbst empfinden und fragen, ob es einen Sinn darin gibt, warum die eigene Lebensbahn gerade so ist, wie sie ist.

Menschen sind heute häufig auf der Suche nach »Randorten« außerhalb ihres normalen Lebens, an denen sie auftanken können, Antworten finden auf ihre Fragen, zur Ruhe kommen, sich zentrieren, in sich hineinschauen können oder mit Abstand auf ihren Alltag schauen können. Klöster werden heute immer wieder als spirituelle Zentren bezeichnet. Für mich sind Klöster jedoch ein solcher Randort. Und das aus verschiedenen Gründen. Einerseits liegen nicht wenige Klöster relativ abgeschieden, sind also in diesem Fall schon ein »Randort« zwischen Zivilisation und Natur, an dem man zur Ruhe kommen kann, den Lärm und die Hektik der Stadt einmal vergisst. Dann sind sie mit ihrem sehr geregelten Tagesablauf ein »Randort« zum Alltag der meisten Menschen. Zwar kennen viele eine gewisse, manchmal auch lähmende Routine, aber weil der Alltag durch die Gebetszeiten strukturiert wird, es also regelmäßig Unterbrechungen gibt, in denen man sich auf sich selbst besinnen kann, aussteigt aus der »Welt da draußen« und zurückkommt in die »Welt im Inneren«, wird diese Struktur eher als heilsam als lähmend empfunden. Und nichts zuletzt sind Klöster Randorte, weil hier andere Werte gelten als in der Gesellschaft, in die Menschen heute gestellt sind. Statt um »höher, schneller, weiter« geht es im Kloster eher um Balance und Reduktion, statt um Konsum und Karriere geht es hier um Reduktion und darum, sein eigenes Maß zu finden.

Gerade habe ich gemeinsam mit einem Bildhauer einen Kurs in der Abtei geleitet. Das Thema war »Einfachheit«. Ich war erstaunt und überrascht, wie der Stein es uns eigentlich vormacht: Um zu seiner Form zu finden, klar erkennbar zu werden, muss der Steinmetz »nur« alles Überflüssige wegklopfen. Damit er Profil, Figur bekommt, muss Stein abgetragen werden. Nichts anderes tut der Bildhauer.

Die Menschen, die zu uns ins Kloster kommen, möchten Gleiches: Sie möchten sich klären, zu sich und ihrer Form finden, an ihr arbeiten und polieren, einen klaren Blick auf ihr Leben und vielleicht auch auf Gott gewinnen.

Der Begriff Einfachheit gilt für uns Mönche auch im täglichen Leben: Wir beschränken uns auf ein Zimmer zum Leben, verzichten auf großen eigenen Besitz, pflegen keinen Lebensstil im Überfluss, werden in den regelmäßigen Gebetszeiten wesentlich und versuchen so im Ganzen einfach zu leben, inneren Reichtum und innere Fülle zu finden. Und das ist sicher auch ein wesentlicher Wunsch, der Menschen bewegt, ins Kloster zu kommen.

Pilgern

Sucht man heute Menschen, die eine spirituelle Sehnsucht in sich haben und sich eine Gemeinschaft wünschen, in der sie Antworten finden, begegnet man ihnen wohl am wahrscheinlichsten auf den Pilgerwegen dieser Welt.

Nachdem Pilgern einige Jahrzehnte lang etwas für sehr fromme Menschen und beinahe verpönt war, erlebt diese uralte religiöse Praxis seit etwa fünfzehn Jahren eine unglaubliche Renaissance. Spannend ist, dass es diese Tradition in beinahe allen Religionen gibt, nicht nur im Christentum. Vielleicht, weil sich damit auch eine Grunderfahrung verbindet, zu der so viele Menschen unterwegs sind. Auf den christlichen Pilgerwegen, vor allem dem Jakobsweg, sind heute aber nicht nur Gläubige unterwegs. Gerade für die, die mit der Amtskirche und eher traditionellen religiösen Praxen wenig anfangen können, sind diese Wege Chancen, auf andere Weise dieses »Mehr« im Leben zu erfahren, das sie als Sehnsucht in sich spüren.

Das Pilgern reduziert auf Wesentliches. Ein Rucksack mit dem Nötigsten genügt. Auch hier spielt also die Einfachheit eine große Rolle. Und es ist tatsächlich auch verblüffend, wie wenig man wirklich braucht, wenn man einmal einige Tage unterwegs ist. Einfachheit spiegelt sich dann auch im Tagesablauf: Aufstehen, waschen, Frühstück, Rucksack packen, Schuhe an, laufen, ankommen, ausruhen, schlafen. Und viele stellen fest, dass dieses Reduziertsein, das Gefühl, nicht immer über alles neu nachdenken zu müssen, nicht immer vor neue Entscheidungen gestellt zu sein, sondern jeden Tag gleich zu leben, sehr glücklich machen kann.

Pilgern befreit von Lasten: von der Last des Alltags zu Hause, vom täglichen Stress. Das schafft Frei-Raum. Beim Laufen gibt man die Lasten über die Füße an die Erde ab. Im Gehen kommen wir in Bewegung, auch innerlich.

Mit der wichtigste Punkt sind aber wahrscheinlich die Weg-Kumpanen. Der Kumpane ist vom Wortsinn her ein Mensch, der das Brot mit mir teilt (lateinisch: cum-pane, »mit-Brot«). Also einer, der mir eine Weile Gesellschaft leistet, Wesentliches mit mir teilt, vielleicht auch Lebenswichtiges mit mir teilt. Das stärkt und ermutigt.

Wenn Kirche also nach dem Weg Jesu wieder zum Menschen gehen möchte, dann wären Pilgerwege Orte, an denen sie sie finden kann. Jeder, der auf dem Weg ist, hat sein ganz eigenes Päckchen zu tragen, einen Grund, warum er sich auf den Weg gemacht hat, etwas, das ihn hat auf- und ausbrechen lassen aus seinem »alten« Leben. Hier könnte Kirche Station am Wegrand sein, die Menschen einladen, auszuruhen, ein sicherer Ort, an dem es auch geistige Nahrung zu finden gibt. Und hier könnte Kirche die Menschen ähnlich wie Jesus fragen: »Was willst du, dass ich dir tu?« Oder, etwas moderner: Was fehlt dir? Wie kann ich dir helfen, das zu finden, was die Sehnsucht deines Herzens stillt?

Mit-Leben

Es ist kein Geheimnis mehr, dass sich in den nächsten Jahrzehnten vieles in der (deutschen) Kirche ändern wird. Es entstehen immer größere Pfarreinheiten, manch einer spricht von XXL-Gemeinden. Weil aber laut Kirchenrecht nur Priester die Leitung haben dürfen in den Gemeinden, wird sich auch das als schwierig erweisen, denn auch das ist kein Geheimnis, dass der Priestermangel eine Entwicklung ist, die sich nicht aufhalten lässt. Hinzu kommt, dass viele Menschen Gottesdienste nicht mehr als lebendig erleben, sondern gefüllt mit Phrasen in einer Sprache, die viele nicht mehr verstehen. Selbst eingefleischte Christen können oft nicht erklären, was damit eigentlich gemeint ist.

Viele suchen daher nach alternativen Orten, an denen sie mehr das Gefühl haben, dass das, was sie sprechen und hören, auch einen »Sitz im Leben« hat, dass die Menschen das leben, was sie beten und predigen. Auch das ist sicher ein Grund, weshalb Menschen Klöster aufsuchen.

Benedikt hat seinen Mönchen die Gastfreundschaft in die Ordensregel geschrieben. Er sagt sogar ganz wörtlich, was ich oben versucht habe zu zeigen: In jedem Gast solle Christus gesehen werden, Gott selbst aufgenommen werden. Die benediktinische Gastfreundschaft ist mittlerweile sprichwörtlich geworden. Mich hat in Münsterschwarzach von Anfang die Offenheit fasziniert: Es kann jeder so kommen, wie er ist, und auch wieder gehen, wie er ist. Und dazwischen gibt es niemanden, der zu missionieren versucht oder moralische Predigten hält, um die Menschen zu »bessern«. Das gilt für unsere Jugendarbeit genauso wie den Umgang mit den Besuchern des Gästehauses oder des Recollectio-Hauses.

Bei uns im Kloster feiern wir jeden Morgen in unserer Krypta einen Gottesdienst. Jeweils eine Woche lang steht ein Mitbruder diesem Gottesdienst vor. Dem Beispiel eines älteren Mitbruders folgend, lade ich, wenn die Reihe an mir ist, die anwesenden Gäste – mal sind es »nur« 10, mal 30, 40 – ein, sich zum Vaterunser um den Altar zu versammeln. Den ein oder anderen Gast kenne ich aus Gesprächen, andere sind mir unbekannt. Jeder aber steht mit seiner Geschichte, mit seiner Situation an diesem Morgen am Altar. Wir beten gemeinsam und halten dann gemeinsam das Mahl. Ich bin immer wieder berührt, wenn Menschen sich genau dafür bedanken. Sie fühlen sich hineingenommen, angenommen, wertgeschätzt. Keiner muss still auf seinem Platz bleiben, vielleicht mit einem schlechten Gewissen, weil er sich gerade nicht so »heilig« fühlt, sein Leben schiefläuft, er nicht weiß, ob Gott ihn wirklich noch liebt oder nicht. Es ist eine punktuelle Begegnung. Anschließend geht jeder in seinen Tag. Aber er weiß: Hier kann ich dabei sein, mitleben, wenn auch nur ein kleines Stück, hier sind Menschen, die mich in diesem Moment sehen und mich nicht fragen, ob ich das »darf« oder nicht, sondern genau wie ich diese kurze Gemeinschaft im Mahl und im Gebet genießen.

In diesen Zusammenhang gehört auch die Form der Messfeier. Als vor gut 10 Jahren Papst Benedikt XVI. die Messe im tridentinischen Ritus (die Liturgie wird auf Latein mit dem Rücken zu den Gläubigen gelesen) als außerordentliche Form des katholischen Gottesdienstes wieder erlaubte, jubelten die einen und die anderen empörten sich. Die Jubilierenden waren die, die immer schon in dieser Form die einzig wahre Feier der katholischen Kirche gesehen hatten, die in der heutigen Form zu viel »Freestyle«, zu viel »Selbstgestricktes« erkennen, zu viele Worte und zu wenig Stille, Anbetung. Es sind aber auch die, die jetzt Papst Franziskus angreifen. Als Kritik an Benedikt geübt wurde, waren sie es, die immer wieder zur Papsttreue aufforderten und jetzt genau diese nicht erkennen lassen. Ich habe den Eindruck, dass hier auch ein bestimmtes Kirchenbild präsent ist: Kirche als Hüterin der wahren Lehre, die nicht verändert werden darf, die im Besitz der Wahrheit ist, die ein Fels in der modernen Zeit, im modernen Zeitgeist ist, der per se anti-göttlich ist. Auch die tridentinische Messe ist in einer bestimmten Zeit entstanden, auch die Lehre der Kirche ist in einer bestimmten Zeit entstanden und nicht fertig vom Himmel gefallen. Die Jünger, die Apostel, die ersten Christen – sie alle haben gerungen, gestritten um das, was christlich ist und was nicht.

Ich erinnere mich an meinen Religionsunterricht in der Oberstufe. Wir lasen einen Abschnitt von Johann Baptist Metz, einer der Begründer der Befreiungstheologie. Er schrieb einen Text für die Würzburger Synode, eine Kirchenversammlung, die in den 1970er-

Jahren dazu tagte, was die Beschlüsse des Zweiten Vatikanischen Konzils für die deutsche Kirche bedeuteten. Metz meinte: »Das Reich Gottes ist nicht indifferent zu den Welthandelspreisen.«

Eine ganze Klausur habe ich dazu geschrieben: Er wollte damit nichts anderes sagen, als dass das Reich Gottes kein Rückzugsort ist, sondern mitten in der Welt stattfindet. Auf den Markt- und Handelsplätzen. Der Altar – Symbol der Gegenwart Gottes, der in den Kirchen nach dem Konzil versetzt wurde, machte dies deutlich. Er stand jetzt nicht mehr fern vom Gottesvolk, an dem der Priester mit dem Rücken zu den Gläubigen auf Latein die Messe las. Er stand jetzt mitten unter den Menschen. Es wurde deutlich, dass es um die Menschen geht, die sich im Namen Jesu versammeln. Um das Volk, mit dem Gott unterwegs ist, suchend und fragend. Auch wenn von den Verfechtern der Tridentinischen Messe Gegenteiliges behauptet wird, gibt es in meiner Wahrnehmung einen elementaren Unterschied zwischen den beiden Formen, Gottesdienst zu feiern: Die tridentinische Messe bringt Gott ein Opfer dar, das Opfer des Gottessohnes am Kreuz, das in der Messe vergegenwärtigt wird und das Gott mit den Menschen versöhnt hat.

Die Messe der um den Altar versammelten Gemeinde dagegen macht deutlich: Es ist ein Mahl, das gefeiert wird – ein Liebesmahl. Jesus schenkt sich mit seiner Liebe den Menschen. Er gibt sich den Menschen hin. Die Einführung der deutschen Sprache beziehungsweise der Landessprache ließ die Menschen endlich verstehen, was hier gesagt wurde. Ich denke oft: Jesus hat so gesprochen, dass die Menschen ihn verstanden haben. Warum sollte es im Gottesdienst anders sein? Ich glaube, Kirche muss nichts ängstlich bewahren oder Gott verteidigen. Sie muss sich nicht zurückziehen, weg von den Menschen, in eine Kirche, die so nie gedacht und gewollt war. Gott kann sich selbst schützen. Die christliche Botschaft ist aber:

Gott ist mitten unter den Menschen, mitten im Menschen, mitten durch den Menschen präsent in dieser Welt.

Das gilt auch für jene, die darüber klagen, dass Menschen heute oft nur noch punktuell von Kirche einen Dienst erwarten, punktuell am Gemeindeleben teilnehmen und sonst nicht mehr auftauchen, vielleicht auch nicht mehr bereit sind, Ämter zu übernehmen und so das Gemeindeleben mitzutragen.

Ich glaube, wir müssen einfach akzeptieren, dass Menschen heute nur noch punktuell Kirche aufsuchen. Wichtig ist, auf das zu schauen, was wir ihnen in dieser Stunde, in dieser Situation mit auf ihren Weg geben können. Ich denke manchmal: Auch Jesus ist Menschen punktuell begegnet. Viele von denen, die er geheilt hat, denen er in den Dörfern begegnet ist, hat er anschließend nie mehr gesehen. Aber diese eine Begegnung hat das Leben der Menschen verändert.

Das würde auch bedeuten, dass sich die Struktur von Kirche völlig ändern muss, denn noch immer ist alles auf ein regelmäßiges Gemeindeleben angelegt, darauf, dass Menschen das ganze Jahr über und zu jeder Gelegenheit, ob persönlich oder im kirchenjahreszeitlichen Ablauf, Betreuung und Angebote finden. Aber wäre es so unmöglich, sich eine Kirche nach dem Vorbild Jesu vorzustellen, die den Menschen punktuelle Angebote macht? Es würde viel Verkrustetes, Eingeschliffenes, hohl Gewordenes aufbrechen und vielleicht auch dazu führen, dass sich viel mehr Menschen davon angesprochen fühlen.

Ich erinnere mich an eine Firmvorbereitung in meiner Zeit als Religionslehrer an unserem Gymnasium. Es war eine kleine Gruppe. Gemeinsam suchten wir das Evangelium für den Firmgottesdienst aus. Einer von ihnen – und es fand dann bei allen Zustimmung – schlug die Stelle im Evangelium vor, in der Jesus den Sturm auf dem

See beruhigt. Ich fragte ihn, warum er diese Erzählung gewählt habe. Er antwortete: »Ist doch klar. Sie zeigt: Gott ist nicht tot zu kriegen.« Ich war so beeindruckt von seiner Antwort, dass ich ihm sagte: »Wenn du dir das für dein Leben merkst, dann weißt du alles, was du wissen musst.« Eine punktuelle Situation, aber mit – wie ich meine – Tiefenwirkung.

Rituale

Ich möchte noch einmal auf die zurückkommen, die ihr Kind zur Taufe bringen; die bei der Hochzeit um Gottes Segen bitten; die eine kirchliche Beerdigung für einen ihrer Verwandten erbitten und sonst nicht im kirchlichen Leben auftauchen. Bei der Erstkommunion sprechen mittlerweile einige von der »Letztkommunion«, weil bereits eine Woche danach nur noch ein Bruchteil der Erstkommunionkinder in die Kirche zum Gottesdienst kommt. Oder auch jene, die nur an Weihnachten oder Ostern in die Kirche gehen. Und die, die bei uns in der Abtei um die Taufe bitten, weil der Ortspfarrer ihr Kind nicht taufen will. Die Begründung: Die Eltern sind nicht verheiratet oder lassen sich zu wenig in der Kirche sehen.

Ich frage mich immer: Welche Sehnsucht führt diese Menschen zu uns, in die Kirche, zum Gottesdienst? Ist es wirklich nur die Konvention, weil es immer schon so war oder weil sie es so aus ihrer eigenen Familie kennen? Und wie ich kann ich diese Menschen so ansprechen, dass sie die Botschaft verstehen? Was ist wichtig, was kann ich ihnen mit auf den Weg geben?

Menschen, die sich von Kirche nichts mehr erwarten, wenden sich zunehmend an freie Ritualgestalter. Interessanterweise finden sich gerade in deren Reihen viele ehemalige Priester. Statt dem

Pfarrer wird ein freier Redner gebeten, ein Ritual am Beginn des Lebens, bei der Hochzeit, am Lebensende zu gestalten. An den Wendepunkten ihres Lebens haben Menschen immer schon den Schutz der Götter gesucht, den Segen erbeten. Es gibt sie wohl: die archaische Sehnsucht des Menschen nach Segen und Schutz. Schon in der Natur findet sich der Rhythmus von Werden, Wachsen, Reifen, Vergehen, Sterben, Neuwerden. Warum sollte der Mensch davon ausgenommen sein und warum sollte er nicht genau an diesen kritischen Punkten im Leben um Segen bitten?

Oft wird auf solche Rituale geschimpft; sie werden als nichtchristlich verurteilt, als esoterisch abgetan. Welche Anfrage aber liegt darin, vielleicht sogar welche Anfrage Gottes an die Kirche und an die Menschen, die seine Kirche darstellen? Manch einer sagt, dass der kirchliche Zusammenbruch den Sinn habe, dass alle merken: So geht es nicht weiter. Jetzt muss sich etwas ändern.

Wie aber kann es weitergehen? Wie kann Veränderung aussehen? Die Tatsache, dass Menschen um ein Ritual bitten, dass sie freie Ritualgestalter einladen und beauftragen, zeigt doch, dass sie keineswegs ritualmüde sind, dass sie ihren Glauben nicht aufgegeben haben, nicht gottvergessen sind, wie es manche beklagen. Genau das Gegenteil ist eigentlich der Fall: Sie suchen einen Schutz, einen Segen, einen Halt, den sie im profanen Leben nicht finden, den ihnen ein profanes Leben nicht geben kann. Aber sie scheinen sich eben in den Formen der Kirche nicht mehr wiederzufinden. Immer wieder erlebe ich es selbst in Gesprächen, die der Vorbereitung eines kirchlichen Rituals dienen, dass die Menschen individuelle Wünsche einbringen. Beispielsweise möchten sie bestimmte Lieder singen, die ihnen viel bedeuten beziehungsweise das, was ihnen dieses Ritual bedeutet, ins Wort bringt. Oder bei Hochzeiten möchten sie sich zusätzlich zu dem vorgegebenen Eheversprechen ein selbst verfasstes Versprechen gegenseitig zusagen. Ich spüre hier das Bedürfnis nach einer individuellen Gestaltung solcher Riten an entscheidenden Wendepunkten im Leben. Und vielen erscheint Kirche hier in ihren Riten und Bräuchen festgelegt, wenn nicht sogar erstarrt. Es stellt sich die Frage, ob oder inwieweit Kirche heute noch in ihrer Liturgie, in ihren Gottesdiensten und Ritualen die Menschen in ihrer Lebenswelt berührt und trifft oder ob sie nicht Formen pflegt und weitergibt, die für viele leer und ohne Sinn sind. Und ob sie nicht vielleicht doch wieder den Menschen begegnen möchte, ihre Sprache aufgreift, ihren Verstehenshorizont.

Ein Beispiel: In den letzten Jahren hat es sich immer deutlicher herausgebildet, dass auch in Deutschland am Vorabend des 1. Novembers Halloween gefeiert wird. Nicht wenige sehen darin ein esoterisches Fest und beklagen, dass das eigentliche Fest – Allerheiligen – immer mehr aus dem Blick gerate. Der Name Halloween meint jedoch übersetzt nichts anders als »alle Heiligen«. An diesem Tag gedenkt die Kirche eben aller heiligen Menschen, vor allem auch jenen, die keinen eigenen Gedenktag im Lauf des Jahres haben, und möchte damit sicherstellen, dass niemand vergessen wird. Halloween ist ein ursprünglich keltisches vorchristliches Fest, das mit bestimmten Riten verbunden war. Um den 1. November feierte man den Abschluss des Sommers beziehungsweise der »hellen« Jahreszeit. Gleichzeitig glaubte man, dass mit dem Winter die dunklen Mächte Einzug hielten und die Toten zurückkehrten, und die Riten dienten dazu, dieses Dunkle zu bekämpfen, das Licht in den Mittelpunkt zu stellen, das auch durch die »Heiligen« in die Leben der Menschen leuchtete.

Heute ziehen Kinder und Jugendliche verkleidet von Haus zu Haus und bitten um Süßigkeiten. Es finden Kostümfeiern statt, bei denen gruselige Verkleidungen eine Rolle spielen, vielleicht auch, um dem Tod und der Dunkelheit ihren Schrecken zu nehmen und sie »ans Licht« zu holen. Für mich wirkt dies so, dass hier Menschen versuchen, mit der Einzug haltenden Dunkelheit umzugehen, die in diesen Tagen deutlich spürbar wird, weil die Sommerzeit zu Ende geht und es abends sehr früh dunkel wird. Sie suchen dafür neue Rituale, weil die alten ihnen nichts mehr sagen beziehungsweise sie diese nicht mehr verstehen. Die kirchlichen Rituale wollen aber nichts anderes als die Menschen mit ihren neuen Ritualen: Die Kirche feiert an Allerheiligen die heiligen Menschen, die jetzt bei Gott leben oder, wie manchmal gesagt wird, im Licht sind. Und drückt damit die Hoffnung aus, dass auch die Menschen, die auf der Erde leben, nicht der Dunkelheit und den dunklen Mächten überlassen bleiben. Das Bedürfnis, die Sehnsucht scheint die gleiche zu sein. Die Frage wäre doch, wie eine Feier des Allerheiligenfestes aussehen könnte, die den Beginn der dunklen Jahreszeit aufnimmt und den heutigen Bedürfnissen der Menschen gerecht wird.

Übrigens hat Kirche das selbst immer schon getan: In den Anfängen des Christentums übernahm sie selbstverständlich sogenannte heidnische Bräuche, die fest zu den Ritualen der Menschen damals gehörten, und deutete sie neu, füllte sie mit christlichen Inhalten. So geht Weihnachten auf das Fest des römischen Sonnengottes zurück. Damit wollte Kirche darauf hinweisen, dass die eigentliche Sonne, das eigentliche Licht der Welt der christliche Gott ist, der an Weihnachten in Jesus Mensch geworden ist.

Gott ist genau deshalb Mensch geworden: um den Menschen »gleichwertig« zu begegnen. Er wollte nicht der »große Unbekannte« bleiben, sondern sich den Menschen als Mensch in ihrer Welt, in ihren Lebensformen, in ihrer Sprache erfahrbar, berührbar und spürbar machen. Darum geht es doch letztlich in den Ritualen: Gott zu spüren als den, der nicht fern der Welt irgendwo thront, sondern der an entscheidenden Punkten im Leben der Menschen schützt, segnet, begleitet und solidarisch ist. Dann aber muss dies – wie zur Zeit Jesu auch – in Sprache und Form so geschehen, dass wir es heute spüren, annehmen und begreifen können.

Natürlich kann dies bedeuten, bisherige Riten, Rituale, Liturgien zu hinterfragen. Vielleicht braucht es auch neue Formen, die erst noch gefunden werden müssen. Aber die Frage ist und bleibt: Möchte man in der Kirche nur Formen und Traditionen pflegen oder möchte man Menschen begegnen und die Nachfolge Jesu leben?

Für den Zeitgeist

Immer wieder lese ich, dass Kirche sich wider den Zeitgeist stellen müsse. Grob gesagt geht es dabei darum, dass der Zeitgeist mit Individualismus gleichgesetzt wird und man moniert, dass jeder so lebt, wie es ihm gefällt, jeder sich seine Religion zusammenbastelt. Ich merke dann, wie es sich in mir zusammenzieht. Mir ist das zu negativ gedacht. Und auch zu einfach. Kirche ist immer Kirche ihrer Zeit. Gottes Geist weht da, wo er will. All das, was heute als unumstößliche Lehre empfunden wird, ist einmal aus einem Bedürfnis der Zeit heraus und auf dem Hintergrund eines bestimmten Weltbildes entstanden. Die katholische Kirche kennt in ihrer Lehre verschiedene »Wahrheitsgrade«, das heißt, nicht alle Lehren der Kirche sind ein für alle Mal festgezimmert und unumstößlich.

Zu seiner Zeit war das Christentum etwas absolut Neues und eben auch damaliger »Zeitgeist«. Etwas, das eben auch in den Augen der jüdischen Religionslehrer unerhört war und nicht von Gott kommen konnte. Mit seiner Nähe zu den von ihnen verurteilten und ausgestoßenen Menschen konnte Jesus kein von Gott Gesandter sein, schon gar kein Messias oder Erlöser. Jesus und das neu entstehende Christentum haben sich aber nicht gescheut, aufzubrechen und zu den Menschen zu gehen. Damals schon sind die Jünger bis an die Ränder der Welt gereist und haben das Neue verkündet und die Menschen dort abgeholt, wo sie mit ihren Fragen, Sorgen und Nöten standen. Als die Jünger den Geist Jesu empfangen hatten, sind sie aufgebrochen – raus aus den Synagogen und Tempeln, hin zu den Menschen. Sie haben sie in ihren Häusern besucht, geheilt, gestärkt und sie so aus ihrem Leid, ihrer Not herausgeführt. Und all das in einer Sprache, die die Menschen verstanden. Gottes Geist wirkt immer in der Jetzt-Zeit. Deshalb gilt das, was damals galt, auch heute: Die Menschen dort abzuholen, wo sie heute leben und stehen, wo sie heute leiden und in Not sind, wo sie heute nach Gott fragen. Und Antworten auf ihre heutigen Fragen zu geben, die tragfähig sind und ihrer Sehnsucht antworten. Das ist das, was unter anderem schon im Zweiten Vatikanischen Konzil mit dem Stichwort »Aggiornamento«, »Verheutigung« gemeint war. Kirche ist herausgefordert von der Zeit, in der sie jeweils lebt.

Erschrocken bin ich, als es vor einiger Zeit eine Diskussion gab zum Thema: Wie ist theologische Forschung einzuordnen? Es gab Stimmen, die meinten, dass auch theologische Forschung dem Lehramt untergeordnet sei. Das bedeutet im Letzten: Das Lehramt der Kirche entscheidet, ob Forschungsergebnisse richtig oder falsch sind beziehungsweise sein dürfen. Forschung aber muss unabhängig sein, sonst ist es Lobbyismus oder Meinungsmache. Ich spürte, dass es eine Angst gibt vor Forschungsergebnissen unserer Zeit, die nicht mehr der bisherigen Lehre entsprechen könnten. Wenn dem so ist, dann muss Kirche sich damit auseinandersetzen. Wenn nicht wenige Theologen sagen, dass es keine theologischen

Argumente gegen die Weihe der Frau gibt, wenn Forscher betonen, dass Homosexualität keine Krankheit ist, sondern eine Veranlagung wie Heterosexualität auch, wenn es Menschen gibt, die sich im falschen Körper fühlen und sich nicht eindeutig festlegen können auf männlich oder weiblich, dann muss Kirche sich damit auseinandersetzen.

Wenn in einem deutschen Bistum zehntausend Unterschriften gesammelt werden für die »viri probati« – Männer, die verheiratet sind, sich im christlichen Glauben bewährt haben und deren Weihe zu Priestern immer wieder als ein Schritt in die Zukunft gefordert wird – und der Ortsbischof ablehnt, sich damit auseinanderzusetzen, frage ich mich: Wie ernst werden denn Laien genommen, die berufene Propheten und Prophetinnen sind? Jeder Getaufte ist Prophetin, Prophet Gottes. Auch das ist eine Wiederentdeckung des Konzils. Darauf muss der erste Akzent liegen.

Papst Franziskus hat mehrfach dazu aufgefordert, ihm mutige Vorschläge für die Zukunft der Kirche zu unterbreiten – aber wo sind diese Vorschläge? Wer sagt denn eigentlich, dass er ablehnen würde, wenn ein deutscher Bischof oder die Deutsche Bischofskonferenz mutige Vorschläge einreichte? Und warum müssen immer alle Fragen auf Ebene der Weltkirche gelöst werden? Wenn in Europa und Deutschland dringende Fragen Antwort brauchen, die zum Beispiel in Afrika noch lange nicht aktuell sind, dann können doch regionale Kirchen regionale Antworten finden. Natürlich braucht es Kriterien, um Gottes Geist zu erkennen. Aber oft ist es mir zu negativ, zu einfach, immer nur gegen den Zeitgeist zu sein.

Das Konzil hat gute Ansätze vorgelegt, die Kirche auch als Geistkirche zu verstehen. Kann nicht auch der sogenannte Individualismus, die sogenannte selbstgebastelte Religion eine Geistbewegung sein, eine Bewegung in unserer Zeit, in der Gottes Geist zu finden ist? Als Kritik an einer sogenannten selbst gebastelten Religion wird immer wieder genannt, dass es nicht um eine Wellness-Religion gehe, also um eine Religion, die sich der Einzelne so zurechtstutzt, bis sie nicht mehr herausfordernd ist, sondern nur noch bequem. Es gehe nicht um ein Wohlfühlen im Glauben. Richtig ist: Christentum fordert heraus, kann Leben kosten; aber wenn in der Spiritualität auch von der »dulcedo dei«, der »Süßigkeit Gottes« die Rede ist, wenn Jesus einlädt, bei ihm auszuruhen, Kraft zu schöpfen, wenn er Gott »Abba« nennt, dann darf das »Wohlfühlen« doch auch eine Rolle spielen und die Sehnsucht danach als Merkmal Gottes wahrgenommen werden. Christentum hat viel zu lange den Ruf gehabt, Askese, Entsagung zu sein, das Gefühl zu leben: »Es darf keinen Spaß machen, keine Freude bereiten.« Wie viel Freude bricht im Menschen auf, wenn er Gottes Kraft in sich spürt, wenn er spürt, dass Gott ihn ermächtigt, er selbst zu sein, in seine Kraft zu gehen, sich aufzurichten, Prophet zu sein. So war es bei Mirjam, als sie dem Volk Israel vorausging durch das Rote Meer, die Trommel schlug und Lieder sang auf den befreienden Gott. Gott ist ein befreiender Gott. Das dürfen wir spüren und »verkosten«. Glaube ist nicht nur eine »Für-wahr-halte-Religion«, eine »Abnick-Religion«, eine »Verstandes-Religion«. Wenn die Mitte ein Mahl ist, ein Essen von Brot, ein Trinken von Wein, dann geht es auch um ein Einswerden mit ihm, um sinnliche Erfahrungen, um Freude und Genießen.

Ich zitiere gerne einen Satz, den ich vor Jahren einmal las und der mich seitdem begleitet: »Vertrau das Gestern der Barmherzigkeit Gottes an, überlass das Morgen seiner göttlichen Vorsehung, du aber lebe im Heute, denn Gott umarmt dich durch die Wirklichkeit.« Gott können wir nur in dieser Welt, in diesem unseren Leben finden, in der Zeit und Umgebung, in der wir leben. Aber eben in der Wirklichkeit, wie sie ist, und nicht einer, wie sie Einzelne gerne hätten. Kirche ist nicht mehr so, wie sie früher einmal war. Es mag Menschen geben, die denken: »Kirche hat schlimmere Zeiten überlebt, warten wir mal ab, auch diese Zeit wird sie überstehen.« Aber eigentlich wäre es schade, wenn es nur um ein »Überleben« geht und nicht mehr darum, die Frohe Botschaft zu verkünden. Mein Eindruck ist, dass die Grenze zwischen einer Verkündigung Gottes und einem ausgeprägten Narzissmus aufseiten der Verkünder oft sehr schmal ist. Immer wieder scheint es mir, dass es einzelnen Würdeträgern in der Kirche eher um ausgefalteten Prunk geht, darum sich selbst zu vergewissern, wer man ist, welch besondere Berufung, welch hohes Amt man innehat und dass man Verteidiger der rechten Lehre und Kirche ist. Gerade dagegen hat Jesus gepredigt: gegen die, die sich in die ersten Reihen setzen, die Wert auf ihre besonderen Gewänder legen und darauf, gesehen zu werden. Noch einmal: Ich bin überzeugt, Christen müssen nichts verteidigen, behaupten, sondern etwas sein. Räume der Gegenwart Gottes sollen sie öffnen, mitten in der Welt, in Wirklichkeit und Gegenwart. Und daraus muss sich heute für die, die in der Kirche tätig sind, die Frage ergeben: Wo will Gott mit seinen Menschen hin? Welche neuen Impulse könnten denn in der Wirklichkeit liegen, außer, sie zu verdammen?

Barmherzigkeit

Ich glaube, dass eines der Probleme von Kirche heute die Annahme, die bedingungslose Annahme der Menschen ist – so, wie Jesus es eigentlich vorgelebt hat. Ein Beispiel: Kein päpstliches Schreiben der jüngeren Vergangenheit hat so viel Aufsehen erregt wie die Enzyklika »Amoris laetitia«. In diesem Schreiben geht es vor allem um die Seelsorge an Eheleuten und Familien. Die größte Aufmerksamkeit fand die Frage, ob der Papst wiederverheirateten Geschiedenen erlauben würde, die Kommunion zu empfangen oder nicht. Der Papst hat in diesem Schreiben eine Fußnote verfasst, in der er anmerkt, dass die Gläubigen in »gewissen Fällen« die »Hilfe der Sakramente« in Anspruch nehmen können. Das eröffnete eine breite Diskussion, wie diese Notiz zu verstehen sei. Die Deutsche Bischofskonferenz wiederum betonte, dass es einer Prüfung im Einzelfall und einer guten Begleitung durch Seelsorger bedürfe, bis wiederverheiratete Geschiedene nach seelsorglichen Gesprächen und Bedenken ihrer Situation in ihrem Gewissen zu der Überzeugung gelangen können, die Kommunion empfangen zu dürfen. Wenn Geschiedenen und Wiederverheirateten andererseits gesagt wird, sie seien ein wichtiger Teil der Kirche, gehörten weiterhin zu ihr, dürften aber nicht zur Kommunion gehen, empfinden viele das als unglaubwürdig.

Mancher Bischof verweist dann auf die »geistliche Kommunion«: Während andere also die Kommunion im Brot empfangen, soll der, der das nicht »darf«, Jesus geistlich kommunizieren, aufnehmen. Ich bin mir nicht sicher, ob das jemand versteht. Und was der Sinn dahinter sein soll. Gott ist lebendiger, Fleisch gewordener Gott und will sich dem Menschen sinnenhaft im Brot mitteilen, schenken. Ich erlebe immer wieder, wie befreiend es für Menschen ist, wenn man ihnen Räume eröffnet, in denen sie einfach so sein dürfen, wie sie sind. Wie bei Zachäus: Jesus öffnet mit seiner Selbsteinladung einen Raum. Und: Die Annahme des Zachäus steht an erster Stelle: »Bei dir muss ich zu Gast sein.« Jesus sagt nicht: »Geh nach Hause, verschenke dein Vermögen und wenn du alles zurückgezahlt hast, was du zu viel genommen hast, dann komme ich dich besuchen.« Er stellt keine Bedingungen. Und genau deshalb braucht es heute eine Kirche, die genauso handelt. Dazu zählt auch eine Sprache, die heilt, die Annahme signalisiert und die Menschen versteht. Es braucht Räume und Sprache, die erlebbar macht: Gott heilt. Spannend finde ich diesbezüglich auch einen weiteren Satz von Papst Franziskus, der meinte, die Kommunion sei für Schwache da, zur Stärkung, nicht für Heilige.

Über der Amtszeit von Papst Franziskus könnte als Motto stehen: Barmherzigkeit. Er möchte den Menschen entgegenkommen, den Einzelnen aufrichten und stärken, so wie es auch Jesus getan hat und so, wie es Jesus auch immer von Gott erzählt. Auch Franziskus hat mehr als einmal deutlich gemacht, dass er als Papst nicht alles lehramtlich entscheiden muss. Immer noch gilt das Gewissen des Menschen, die eigene Verantwortung im Glauben mehr als eine lehramtliche Meinung. Und immer noch gilt, dass das Gesetz für den Menschen da ist und nicht umgekehrt. Das Gesetz ist im Letzten die Liebe, die sich dem, der sie braucht, barmherzig zuwendet.

Jesus zeichnete aus, dass er die Menschen so annahm, wie sie und ihre Situation gerade waren. Er hat ihnen Liebe und Nähe gezeigt. Gerade in meiner Arbeit als Notfallseelsorger erlebe ich immer wieder, wie wichtig genau das ist: da zu sein, anzunehmen, zu begleiten, nicht zu urteilen und nicht zu verurteilen. Nicht selten fragen Betroffene nach Gott und auch nach dem »Warum«? Warum hat Gott das zugelassen? Oft dauert es lange, bis die Betroffenen die Situation annehmen können, wie sie ist. In der Auseinandersetzung damit kann es geschehen, dass sie zwar auch nach Jahren keine Antwort auf dieses »Warum« finden, aber spüren, dass Gott ihre Situation mitträgt, dass er mitten in ihrem Leben präsent ist.

Jemand prägte einmal das Wort vom »Mut zum Fragment«. Vor und für Gott muss nicht alles perfekt sein. Es darf Brüche geben, leidvolle Situationen, Umwege, Irrwege. Gerade Jesus zeigt in seinen Gleichnissen und in den Begegnungen mit den Menschen am Rand, dass es die Gebrochenen, die Verletzten, die Kranken, die in die Irre Gegangenen sind, denen er sich mit aller Barmherzigkeit zuwendet, die er heilt. Im Recollectio-Haus bieten wir manchmal einen Workshop an, in dem die Gäste kreativ mit Scherben arbeiten. Sie nehmen zerbrochenes Porzellan, Tonscherben, Splitter und gestalten daraus etwas Neues. Es entstehen Kunstwerke, die überhaupt nicht zerbrochen wirken. Darin liegt eine tiefe Symbolik: Dort, wo Menschen erst nur Zerbrochenes, Kaputtes, die Scherben ihres Lebens sehen können, darin liegt für Gott auch die Perspektive für eine neue Zukunft, für »Auferstehung«.

Gott
wieder finden

Statt eines Schlusswortes

Am Ende dieses Buches möchte ich sozusagen an den Anfang zurückkehren: Zu den Menschen der Bibel, die von Gott gefunden worden sind. Einer von ihnen – ich habe ihn bereits erwähnt – ist der Prophet Elija. Seine Geschichte ist die eines Menschen, der an das Ende seiner Kräfte kommt, dann von Gott gefunden wird und ihn ganz anders und neu erfährt, als er sich ihn bis dahin gedacht hatte. Meine Gedanken zu seiner Person und Geschichte mögen dieses Buch abschließen und all das, was mir wichtig war, zusammenfassen. Meinen Gedanken vorangestellt ist der Text aus dem Alten Testament, auf den ich mich beziehe. Mit ihnen wünsche ich Ihnen einen spannenden Weg, auf dem Sie immer wieder in Ihren Lebensbezügen Gott entdecken, sich von ihm überraschen und finden lassen können.

In jenen Tagen kam Elija zum Gottesberg Horeb. Dort ging er in eine Höhle, um darin zu übernachten. Doch das Wort des Herrn erging an ihn: Komm heraus, und stell dich auf den Berg vor den Herrn! Da zog der Herr vorüber: Ein starker, heftiger Sturm, der die Berge zerriss und die Felsen zerbrach, ging dem Herrn voraus. Doch der Herr kam nicht im Sturm. Nach dem Sturm kam ein Erdbeben.

Doch der Herr kam nicht im Erdbeben. Nach dem Beben kam ein Feuer. Doch der Herr kam nicht im Feuer. Nach dem Feuer kam ein sanftes, leises Säuseln. Als Elija es hörte, hüllte er sein Gesicht in den Mantel, trat hinaus und stellte sich an den Eingang der Höhle.

1 Könige 19,9a.11–13a

Es muss ungefähr zehn Jahre her sein. Im Sonntagsgottesdienst wurden die beiden obigen Texte gelesen. Der Mitbruder, der die Predigt hielt, sagte in Bezug auf die Geschichte von Elija einen Satz, den ich bis heute nicht vergessen habe: »Gott ist nicht in dem, was Angst macht.«

Elija erlebt am Berg Horeb Erdbeben, Sturm und Feuer in ihrer zerstörerischen, angstmachenden Art. Darin – so die Erzählung – ist Gott nicht. Zuvor war Elija geflohen. Er hatte einen »Götterstreit« gewonnen. In ihrer Wut und in ihrem Zorn verfolgten die unterlegenen Baalspriester und deren Königin Isebel Elija, bis er nicht mehr konnte. Er weiß, dass sein Leben jetzt in Gefahr ist verzehrt zu werden von dem Feuereifer, mit dem er zuvor den Götterstreit entflammt hatte. Elija hat hoch gepokert, hatte den anderen Angst eingejagt und am Ende gewonnen. Und erlebt jetzt, wie sein Gewinnergebahren auf ihn zurückfällt. Bis in die jüngere Geschichte hinein gab es ähnliche Szenarien in der Kirche: Da wurde bewiesen, wie mächtig Gott ist, verbal das Feuer der Hölle angeheizt, von Fegefeuer war die Rede. Es mag die vielleicht gute Absicht gewesen sein, Menschen zum Glauben zu bewegen, zur Umkehr aufzurufen, Seelen retten zu wollen. Bewirkt hat es Angst und Schrecken und ist als solches auf die Kirche zurückgefallen, weil Menschen sich eher abwendeten, ihre Seelen eher verletzt denn geheilt waren. Elija geht es ähnlich wie denen, die innerlich flohen, sich abwendeten. Er flieht in die Wüste. Ist fertig, am Ende. Depressiv sitzt er dort unter einem Ginsterstrauch und möchte sterben. Er zieht sich in sich zurück – trotzig, beleidigt. Darüber schläft er ein.

Als er erwacht, von einem Engel berührt, findet er Brot und Wasser. Wie es heißt »in glühender Asche« gebackenes Brot, in der Glut, die vom Feuer entzündet wurde. Elija aber schläft wieder ein. Der Engel rührt ihn ein zweites Mal an und sagt zu ihm: »Steh auf und iss, sonst ist der Weg zu weit für dich.« Und wieder isst er Brot aus dem Feuer, der Glut, als ob Elija erfahren, spüren und endlich begreifen sollte mit seinen Sinnen, wofür Feuer eigentlich gut ist: um Menschen zu nähren. Wie Gott ist: sanft, fast unbemerkt kommt er im Engel und stärkt ihn. Gott schlägt nicht zurück, er übt keine Rache, sondern führt Elija sanft und berührend, bis er versteht, wie und wer er, Gott, ist.

Vielleicht hat Jahwe sich genau deshalb auf den Wettstreit mit den Baalspriestern eingelassen: Damit Elija genau das lernen und begreifen kann, damit er den Unterschied erfährt und spürt, wer Gott wirklich ist – und dass er Gott für sich benutzt hat, um dazustehen als der große Gotteskrieger und Gottesheld. Auch heutige Gotteskrieger setzen in Brand, zerstören, versetzen Menschen in Angst und Schrecken. Das – so lernt Elija – ist Gott nicht!

Als er am Berg Horeb ankam, müde von der Verfolgung, ging er in die Höhle. Sie ist ein Urbild des Mutterschoßes, der Gebärmutter. Elija schützt sich also, geht aber auch in die Regression, in den Rückzug, wie das Erwachsene manchmal tun, die in kindliche Verhaltensmuster fallen und am liebsten wieder im Mutterschoß wären, um den Konflikten und Herausforderungen auszuweichen, sich sozusagen die Decke über den Kopf ziehen. Elija braucht diesen Rückzug in die Höhle der Depression, der Niedergeschlagenheit, des Beleidigtseins über die ganze Situation.

Ich kenne das aus eigenem Erleben: Man ahnt den nächsten Entwicklungsschritt und geht noch einmal einen Schritt zurück, vielleicht auch um Kräfte zu sammeln oder Anlauf zu nehmen wie ein Weitspringer. Als Elija jetzt in der Höhle sitzt, erlebt er noch einmal die Urgewalten, all das, was Angst machen kann: Feuer, Sturm, Erdbeben.

Nachdem die gewaltigen, angstmachenden Kräfte vorbeigezogen sind, tritt Elija vor die Höhle, tritt er heraus aus seiner Niedergeschlagenheit, seiner Depression, seiner Angst. Er richtet sich auf und hüllt sein Gesicht in seinen Mantel. Es ist der Gottesmantel, der Mantel des Propheten, den er später Elischa überwerfen wird und an dem Elischa seine Berufung zum Propheten, zum Nachfolger erkennt. Elija hüllt sein Sehen neu ein, das heißt, er erkennt seine Berufung als Prophet, als Gottesverkünder neu. Er erfährt: Im leisen Säuseln ist Gott. Martin Buber, der jüdische Religionsphilosoph, übersetzt diese Stelle mit: »verschwebendes Schweigen«. Es ist nicht nur Schweigen, Stille an sich, sie ist »verschwebend«: etwas, das große Achtsamkeit braucht, um überhaupt wahrgenommen zu werden.

Gottes Gegenwart, Gottes leises Säuseln, Gottes verschwebendes Schweigen, in das alles eingehüllt ist, geht oft im Feuer und Eifer des Gefechts unter; im Feuereifer derer, die in den Fragen der Zeit – Flüchtlinge, Transgender, Ehe für alle – den Untergang des christlichen Abendlandes sehen, die von der Angst aufgezehrt werden, die nur schwarzmalen und sich in die Kirche zurückziehen als Trutzburg. Diese Kirche, die einst wortgewaltig, angstmachend den allmächtigen Gott in einer ein für alle Mal festgezimmerten Lehre verkündete.

Doch Christen heute sind gefordert, aus dieser Höhle herauszutreten, um »bis an die Ränder« zu gehen, um den Menschen nahrhaftes Brot, erfrischendes Wasser zu geben, mit ihnen Gottes ausgestreckte Hand zu entdecken, seine verschwebende Gegenwart; seine Hoffnung und Liebe, um ihre Lebenswunden darin einzuhüllen.

Alle Christen sind Prophetinnen, Propheten, alle Christen sind eingehüllt in den Mantel der Prophetie, sind geborgen, umhüllt, eingehüllt von einer stärkenden, aufrichtenden, hoffenden, nährenden, Leben spendenden und Vertrauen stärkenden Gegenwart. Wahrnehmbar, spürbar aber erst dann, wenn ich zurücktrete und Abstand nehme vom Feuereifer, der auch zerstören kann, von der Enttäuschung, weil die Welt doch so schlecht und antichristlich und antikirchlich ist, Abstand nehme von allem, was Angst macht, was Angst machen will. Auch in der Kirche. Denn: Darin ist Gott nicht.